A股上市公司信息披露ABC

李梦雄 著

上海科学技术文献出版社
Shanghai Scientific and Technological Literature Press

图书在版编目（CIP）数据

A 股上市公司信息披露 ABC/ 李梦雄著． —上海 ：上海科学技术文献出版社，2025. —ISBN 978-7-5439-9381-5

Ⅰ．F279.246

中国国家版本馆 CIP 数据核字第 2025JW7661 号

责任编辑：姚紫薇
封面设计：留白文化

A 股上市公司信息披露 ABC
A GU SHANGSHI GONGSI XINXI PILU ABC
李梦雄　著
出版发行：上海科学技术文献出版社
地　　址：上海市淮海中路 1329 号 4 楼
邮政编码：200031
经　　销：全国新华书店
印　　刷：常熟市人民印刷有限公司
开　　本：890mm×1240mm　1/32
印　　张：5.75
字　　数：132 000
版　　次：2025 年 6 月第 1 版　2025 年 6 月第 1 次印刷
书　　号：ISBN 978-7-5439-9381-5
定　　价：48.00 元
http://www.sstlp.com

目录

引言 ·· 001

第一章　上市公司信息披露简介 ································· 005

第一节　什么是信息披露？ ··· 006

第二节　信息披露的历史 ·· 007

第三节　我国上市公司的信息披露机制 ······················ 009

第四节　信息披露的重要性 ··· 011

第二章　定期报告 ·· 013

第一节　定期报告的种类 ·· 014

第二节　年报的预热 ·· 015

第三节　年报的披露 ·· 019

第四节　年报的分析解读 ·· 032

第三章　临时公告 ·· 065

第一节　交易类公告 ·· 067

第二节　非交易类公告 ··· 071

第四章　上市公司的资本运作 ··· 113
　　第一节　重大资产重组 ··· 115
　　第二节　再融资 ··· 134
　　第三节　股权激励和员工持股计划 ······································· 144

第五章　公司治理 ··· 151
　　第一节　公司治理的基本概念 ··· 152
　　第二节　上市公司的公司治理 ··· 154
　　第三节　公司治理失效的案例 ··· 170

后记 ··· 177

引言

INFORMATION DISCLOSURE

A 股 上 市 公 司 信 息 披 露 A B C

一、写书的目的

在从事资本市场上市公司信息披露工作的多年间，我时常观察到一种现象：部分中小投资者虽然已入市几十年，却仍看不懂公司年报、公告。一旦公司被挂上了"ST"（Special Treatment，特别处理），许多投资者就会误以为公司马上要退市了，让大家"快跑"。很多中小投资者对解读k线图、量化分析头头是道，可对公司公告看不透、摸不准。这主要是因为上市公司信息披露是一个较为专业的领域，涉及会计、法律、金融等多行业的知识。现在市场上专门介绍上市公司信息披露的书籍仍较少，而已有的书籍专业水平又较高，内容涉及较多专业术语，具有一定专业知识基础的读者才能读进去。

我总是相信，公司的公告"会说话"。从公告的字里行间就会透露出这家公司的业绩情况、发展方向、经营风险等各种有效信息，特别是交易所等监管机构对公司的各种问询，更是能帮助中小投资者做好投资决策，避开市场中的"雷区"。然而，经过我多年的观察，上市公司的公告、监管机构的问询却经常被中小投资者忽略。

鉴于此，本书旨在填补这一空白，为那些对上市公司公告、年报等信息披露行为感兴趣，却一直感到困惑的中小投资者提供实用的指导。同时，在之前的大学授课经历中，了解到不少大学生也对上市公司公告披露、退市案例等感兴趣，我相信本书也可以给这些学生提供一些帮助。

二、本书的特点

一是尽量使用通俗、直白的语言。信息披露是一个具有高度专业性、系统性、综合性的领域，涵盖了日常公告、年报、重大交易、停牌退市等多个方面。本书主要是从零开始讲解上市公司信息披露的特点、要点，不会深入探讨信息披露背后复杂的法理基础、会计逻辑和监管规则等深层次内容。本书的特点是结合大量的市场公开案例，讲述中小投资者需要重视的信息披露关注要点，并尽可能让中小投资者了解信息披露的一些最基本的规定，增加读者对A股资本市场的了解。

二是旨在帮助中小投资者有效"防范风险"。如今，市场上有相当多的书籍宣称可以帮助投资者在股市中获利，实现财富快速增长，成为中国的"巴菲特"。相比之下，本书的作用更多是在提示中小投资者哪些迹象可能预示着上市公司存在风险，投资者需要对此类信号给予足够重视，避免在监管机构已经提示存在重大风险后，仍盲目将钱撒入股市，最后导致投资如"石沉大海"。

三是力求系统性介绍上市公司信息披露的相关内容。本书设置了五个章节，重点介绍了公司年报、公司内部治理机制、资本市场运作等方面，希望能让更多的中小投资者更好地理解并掌握上市公司年报、公告等信息的精髓，从而消除他们在面对这些信息时的困惑与迷茫。

三、给读者的几句话

由于我的水平有限,对信息披露相关理论、逻辑、规则仍有很多理解不到位的地方。本书不足之处,恳请各位读者多多谅解,不吝赐教。此外,在撰写本书时,我已尽力确保书中提到的法律法规、监管规则等都为最新版(截至2024年4月30日),但鉴于信息的快速更迭,仍可能存在更新不及时、疏忽遗漏等情况。请各位读者务必要以最新的法律法规和监管规则作为投资判断依据,切勿过度依赖本书内容。本书只是提供了一种参考视角,不对读者的投资做任何推荐,也不承担任何投资责任。

请各位读者务必理性、审慎地管理自己的投资,做自己股票投资的主人。

请理性投资!股市有风险,投资需谨慎!

第一章 上市公司信息披露简介

INFORMATION DISCLOSURE

A 股 上 市 公 司 信 息 披 露 ABC

20世纪90年代,随着深圳证券交易所、上海证券交易所陆续开板交易,中国资本市场迎来了其高速发展的三十多年。如今,中国资本市场的股市和债市规模均位居世界前列,特别是开启注册制改革后,A股市场得到了进一步发展,沪深两市的市值规模迅速提升,上市公司总数不断增加。在这个大背景下,面对五花八门、各式各样的上市公司,中小投资者更加应该谨慎地做出投资决策,分析投资标的的经营业绩、对外投资情况、存在的风险等各方面,也更应该加深对资本市场的一些基本制度、政策的了解。

正所谓"小心驶得万年船",中小投资者只有充分了解投资标的,尽可能避开那些存在高风险的上市公司,才能避免遇到上市公司"暴雷",导致自己的投资"血本无归",最后"欲哭无泪"。信息披露是上市公司的"口舌""脸面",是中小投资者了解和分析上市公司的"窗口",中小投资者应该重视信息披露,将其视为投资决策前不可或缺的制度认知环节。

第一节 什么是信息披露?

信息披露是资本市场中一个特征鲜明的制度。信息披露制度,又被称为公示制度、公开披露制度,是指公司及相关信息披露义务人(一般为其大股东)依照法律规定,必须将其自身的财务变化、经营状况等信息和资料向社会公开或公告,以便使投资者充分了解情况从而做出投资决策的制度。在信息披露制度中,上市公司及相关信息披露义务人应当全面披露那些对公司股价及其衍生品种交易价格或者投资决策产生较大影响的重大信息。这一制度可以让投资者能够及时、有效地了解公司的生产经营、投资决策、突发事件等重大信息，拉近投资者与上市公司之间的距离，保护投资者的知情权和投资利益。

值得指出的是，信息披露制度包含了一家公司在上市前的披露行为，也包含其上市后的持续披露行为。在本书中，我们将聚焦公司上市后的持续披露行为，即上市公司信息披露的相关内容。

第二节　信息披露的历史

信息披露制度源于英国，成熟于美国。16 世纪，英国南海公司（South Sea Company）是专营英国与南美洲等地贸易的特许公司，同时其作为协助政府融资的私人机构，分担政府因战争而欠下的债务。但是，南海公司的经营情况长期不佳，为了获得更多投资，该公司故意夸大业务前景及经营情况，误导了无数的投资者。1720 年，南海公司通过贿赂英国政府，向国会提出以南海股票换取国债的计划，促使南海公司的股票大受追捧，股价由原本 1720 年初的约 120 英镑急剧攀升至同年 7 月的 1,000 英镑以上。为了规范股份制公司的经营，抑制炒股热潮，英国国会通过了《泡沫法令》，明确要求股份制公司要获得英国皇家的认可方能继续经营。随着炒股热潮的减退，南海公司的股价也回归到 190 英镑以下。这次事件使得不少人血本无归，就连著名物理学家艾萨克·牛顿也只能亏本离场。在本次事件中，英国国会制定和颁布的《泡沫法案》，确定了信息披露制度的雏形。

20 世纪 20 年代，美国正处于被后人称为"咆哮的 20 年代"的黄金发展期，其经济、文化都处于高速发展期。一本《了不起的盖茨比》(The Great Gatsby)生动地描写了这一时期美国社会纸醉金迷的生活场景。与此同时，美国股市也屡创新高，大量投资者涌入股市，憧憬过上奢华生活。但是，在这段时期，美国政府对股票市场监管甚少，股市乱象层出不穷，上市公司甚至通过披露虚假消息或者隐匿重要消息以操纵股价。1929 年 10 月，美国股市突然崩盘，继而引发了闻名世界的股灾。这次股灾标志着美国经济二十年的黄金发展期的终结，并进入了长达十年的"大萧条"。这场股灾被认为是 20 世纪最大规模的金融危机之一，导致无数家庭破产，许多投资者甚至走上了跳楼自杀的绝路。美国著名作家约翰·斯坦贝克（John Steinbeck）的小说《愤怒的葡萄》(The Grapes of Wrath)，描述了这时期美国民众生活的痛苦与绝望。为了应对这一危机，美国政府出台了一系列的新政策来刺激经济发展的同时，尽量避免危机的再次产生。作为新政策的一部分，美国国会通过了 1933 年《证券法》和 1934 年《证券交易法》。这两部法案都重点关注上市公司与投资者之间的信息不对称性问题，明确了上市公司有持续披露重大信息的义务。这两部法案的出台标志着现代信息披露制度的建立。

　　由此可见，资本市场设置信息披露制度的主要原因是，相较于投资者来说，上市公司往往会事先得知影响股价的重大信息，并能够比投资者更加精确地掌握这些信息对价格的影响，这导致了上市公司和投资者之间的信息不对称，而信息披露制度的作用之一就是尽量平衡双方，让投资者可以及时了解上市公司的重大信息。

第三节　我国上市公司的信息披露机制

　　我国的资本市场非常活跃，股票、债券、期货等产品品类多，交易量大。然而，这也反映出我国资本市场较为复杂，各类交易所、板块市场非常多，有时会让中小投资者无所适从。中国大陆的股票市场主要由上海证券交易所（上交所）、深圳证券交易所（深交所）、北京证券交易所（北交所）组成。其中，投资者最关注的是在上交所和深交所上市交易的公司股票，两所股票的交易数量、交易金额都位居世界前列。

　　上交所和深交所均分设主板市场和特色市场。沪深两所的主板主要由大型央企、国企以及头部公司组成。深交所的特色市场被称为创业板，主要以成长型、创新型公司为主；上交所特色板块是科创板，汇聚了一大批国内高科技、"硬科技"公司。虽然两所的主板市场和特色市场的信息披露规则会有一些差别，但随着各板块规则逐渐趋同，现在大体上已没有明显区别。在本书中，我们将聚焦沪深两所A股上市公司的信息披露制度。（我国资本市场还划分为A股、B股，但B股的市场交易量非常小。）

　　沪深两所上市公司的信息披露一般以公告形式对外披露，标题格式为《关于XXX的公告》。不同于非上市公司，上市公司的体量、社会影响力都较大，稍有风吹草动就可能影响成千上万的投资者，因此监管机构对大部分的公告有着严格且具体的格式要求，并明确上市公司的公告必须通过特定渠道对外披露。对于中小投资者来说，上市公司的公告可通过巨潮资讯网（也是创业板上市公司的指定信息披露网站)、交易所官方网站、四大证券报(《中国证券报》《上海证券报》《证券时报》《证券日报》)以及各类炒股软件(如 Wind、同花顺等)查询。

上市公司信息披露可分为强制性信息披露和自愿性信息披露(如图 1-1)。强制性信息披露由包含年报、半年报、季报在内的定期报告,以及具有交易或者非交易性质的临时性报告组成。涉及强制性信息披露的事项都属于重大信息,监管机构从保障投资者知情权的角度出发,要求上市公司必须予以强制披露。此外,上市公司可能出于各种考量,自愿披露一些未达到强制性披露标准的事项,这些事项不属于重大信息,如产品专利申请、金额较小的销售合同等。

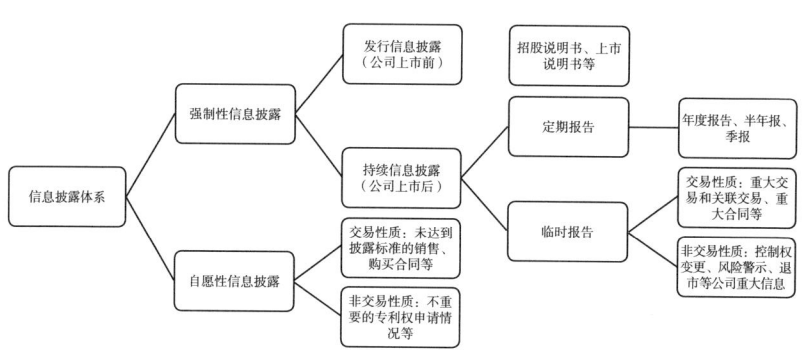

图 1-1 信息披露的体系

无论是强制性信息披露还是自愿性信息披露,都可能引起公司股价的波动,影响投资者的判断。监管机构对上述两种披露类型都设置了比较严格的规则要求,主要有以下几个要求:

(1)真实:以客观事实或者具有事实基础的判断和意见为依据,不得有虚假记载和不实陈述;

（2）准确：明确、贴切、简明扼要、通俗易懂，不得含有宣传、广告、恭维、夸大等性质的词句；

（3）完整：内容完整、文件齐备、格式符合规定，不得有重大遗漏；

（4）及时：在规则规定期限内披露；

（5）公平：同时公开披露，不得差别对待投资者，不得提前向特定对象透露或泄露。

监管机构之所以对信息披露设置了这么多明确的要求，是因为的确有相当一部分上市公司的信息披露水平有待提升，市场上也不乏违反上述要求的案例。例如，为解决应收账款余额过大的问题，某上市公司通过外部借款并伪造银行单据的方式进行财务造假，这明显违背了信息披露真实性的要求。

第四节　信息披露的重要性

对于上市公司而言，重大信息都需要以信息披露的方式对外披露。由于信息披露的重要性，因此，无论是我国的《证券法》，还是具体的监管规则，都明确表明信息披露是上市公司的基本义务，上市公司及相关信息披露义务人应当及时、公平地披露重大信息，并保证所披露的信息真实、准确、完整，不得有虚假记载、误导性陈述或者重大遗漏。信息披露基本贯穿于上市公司所有重要活动之中，披露年报、重大投资决策、重大资产重组、再融资等在内的重要事项，都需要遵守信息披露的相关要求。可以说，上市公司离不开信息披露。

对于中小投资者来说，信息披露也同样重要。信息披露是投资者第一时间了解上市公司重大信息的主要途径，因此，了解信息披露制度、分析上市公司公告应该成为中小投资者在投资公司股票前的一个必备环节。更重要的是，上市公司公告是"会说话"的文件，文件中包含着许多重要且珍贵的信息，这些信息很可能对公司的股票价格产生重大的影响。例如，在年报中，上市公司会披露其具体的经营数据、财务指标等；在对外投资公告中，上市公司会披露投资标的的具体情况、交易金额；在可能被实施风险警示的公告中，上市公司会详细披露其可能触碰的警示类型。这些信息有助于中小投资者及时判断上市公司的经营现状、发展潜力、合规风险等。如果中小投资者不重视公司公告，很可能导致其投资"打水漂"，最后不明所以地离开资本市场。为了更好地保护自己的投资，避免没有必要的损失，中小投资者一定要重视上市公司的信息披露，不要遗漏任何一份公司公告。

第二章 定期报告

INFORMATION DISCLOSURE

A 股 上 市 公 司 信 息 披 露 A B C

有一部我特别爱看的电视剧，是知名导演王家卫先生拍的《繁花》，里面的宝总是令我特别着迷的角色，他英俊、智慧、从容，在资本市场的浪潮里找到了属于自己的天地。这部剧里面有这样一个情节：宝总参股的服饰公司成功上市，宝总对这个公司上市首年的业绩情况颇为关注，并以此为赌注，而业绩情况就体现在上市公司的定期报告中。由此可见，上市公司的定期报告是多么重要。可以说，定期报告是上市公司信息披露的基石。

第一节　定期报告的种类

定期报告的种类并不复杂，分别有年度报告、半年度报告和季度报告（第一季度报告和第三季度报告）。其中，监管规则明确，上市公司应当在每个会计年度结束之日起四个月内披露年度报告（如2023年年度报告应于2024年4月30日前披露）；在每个会计年度的上半年结束之日起两个月内披露半年度报告（如2024年半年度报告应于2024年8月31日前披露）；在每个会计年度前三个月和前九个月结束后的一个月内披露季度报告（如2024年第一季度报告、第三季度报告应分别于2024年4月30日前、2024年10月31日前披露）。

特别需要注意的是，由于第一季度报告的数据是以上一年的年报为基础的，因此，监管机构还明确要求第一季度报告的披露时间不得早于上一年度年报的披露时间。例如，2024年第一季度报告的披露时间不得早于2023年报的披露时间。

在上述定期报告中，年度报告毫无疑问是最重要的，也是最特殊的。

一是年报的内容最翔实。上市公司的年报会详细介绍其一整年的经营成果、投资情况以及行业展望等,中小投资者可以在年报中获取大量有用的信息。

二是年报必须经会计师审计。会计师可以对公司财务报表的真实性、完整性等方面起到检查的作用,所以年报中信息的可信度、可靠度是最高的。

三是年报的披露要求高。监管机构对年报的预热、年报披露当天的公告、年报的具体内容和格式等各方面都有非常严格且具体的要求,上市公司必须按要求将其重大信息披露出来,这有助于中小投资者理解和分析上市公司的整体情况。

总而言之,若论及公司最重要的公告,那无疑是每年3至4月份披露出来的年报。接下来,我们将聚焦年报,介绍在年报披露过程中需要重点关注的事项。

第二节 年报的预热

年报是对一家公司全年经营情况的汇总。一般来讲,一家公司正常的流程是,在确定好会计师事务所后,事务所于年末进场开始预审计。如果公司遇到一些特定情形,如净利润为负值、扭亏为盈等,则需在1月31日前披露业绩预告。业绩预告是年报的预热,是中小股民在公司年报披露前第一个需要关注的事项。

• 什么是业绩预告

在业绩预告中,公司可以通过区间或确数两种方式对业绩进行预计。一般披露的业绩指标包括净利润(必要)、营业收入、净资产等。业绩预告相当于提前披露上市公司业绩的大致情况,有利于中小投资者控制自己的投资风险。其中,对于业绩预告中以区间方式进行业绩预计的,业绩变动范围的上下限区间最大不得超过50%,即[(上限金额-下限金额)/下限金额]的绝对值应不超过50%,而根据交易所现行规则,鼓励该变动范围不超过30%。

不要小看业绩预告所能透露出的信息含量。首先,只有在部分情形下,公司才会被要求出具业绩预告,而这些情形与公司的业绩表现息息相关。根据现行的上市规则,具体的情形如下:

(1)净利润为负值;

(2)净利润实现扭亏为盈;

(3)实现盈利,且净利润与上年同期相比上升或者下降50%以上;

(4)扣除非经常性损益前后的净利润中较低者为负值,且扣除与主营业务无关的业务收入和不具备商业实质的收入后的营业收入低于1亿元;

(5)期末净资产为负值;

(6)公司股票交易在被实施退市风险警示后的首个会计年度。

以上是交易所规则强制要求披露的情形,当然,也会有部分公司因为年度业绩非常可喜,自愿披露业绩预告,不过自愿披露的还是少数。在业绩预告中,公司会花较大的篇幅介绍业绩情况变动的原因,这是了解公司经营情况的一个非常好的窗口。相较于年报中较为冗杂的信息,上市公司在业绩预告中会聚焦于导致业绩变化的因素。

● 业绩预告也可能透露风险

然而,业绩预告不是年报本身。当上市公司披露业绩预告时,中小投资者欢天喜地,但等年报披露后,可能发生公司实际业绩与业绩预告相差甚远的情况。中小投资者叫苦连天,直呼被业绩预告骗了,这便是"业绩变脸"。对于上市公司业绩变脸,要一分为二来看。

一方面,规则要求业绩预告要在1月31日前披露,但这距离正式披露年报的最后期限还有很长的时间,最长可达3个月。在这3个月内,很可能出现支付出去的钱却收不回来、会计师有新的处理意见等新情况。例如,某公司在2022年的业绩预告中,基于存货价格预期回升的假设,预计2022年度归属于上市公司股东的净利润区间为亏损950万—1,350万元。然而,2023年初,公司存货市场行情出现了较大波动,与业绩预告时预计的价格会有所回升的趋势不符。上市公司只能补充计提存货跌价准备,最终导致业绩预告不准确,修正后的2022年度归属于上市公司股东的净利润区间为亏损3,000万—4,000万元。这种客观发生的情况很容易导致公司实际业绩与业绩预告披露的不符,对于这些客观发生的情况,还算是情有可原。

但是另一方面,不排除有些公司自身的财务核算、内部控制很不规范,甚至故意夸大业绩,给自己的公司造势,拉高股价后迅速套现离场,等年报正式披露后,给接盘者留下一摊子事情。例如,某公司的财务部门在对各子公司的净利润数值进行统计时,因某子公司净利润数据在复制粘贴过程中错误地变为文本格式,导致通过Excel表格公式求和时该数据未取到数值，造成了业绩预告的不准确。又如，有的公司故意在业绩预告中夸大自己的业绩，违规确认收入或者损益，不及时披露公司的退市风险，误导了投资者。

在这里，我们可以从以下两个方面入手，从业绩预告中获取一些有用的信息，以便在一定程度上提前了解公司风险。

一是与会计师的沟通情况。在业绩预告中，与年审会计师的沟通情况经常被股民忽略。虽然与年审会计师的沟通情况一般不会长篇大论，而且绝大部分的公司都会直接写明与年审会计师之间不存在分歧，但是如果公司字里行间里刻意避免写明不存在分歧，那很可能就意味着双方存在分歧。不要小看这个分歧，这很可能导致公司变更会计师事务所，而在披露年报前更换会计师事务所，大概率说明公司在经营业绩或者治理方面存在重大的问题，需要格外注意。例如，2024年1月，某上市公司在披露业绩预告时，在公告中仅写明"本次业绩预告相关的财务数据是公司财务部门初步测算的结果，未经会计师事务所预审计，尚未与会计师事务所进行沟通"，并未说明是否与会计师事务所存在分歧。2月末，该公司就披露了关于变更会计师事务所的公告，并引来交易所的关注与问询。

二是公告里的风险提示，特别是在业绩预告公告的开头就披露风险提示的公司。在本书中，我们会多次提到要仔细阅读公告中的风险提示，这是本书想向读者们传递的一个非常重要的信息。在这些风险提示中，要特别注意公司是否传递出公司会被实施ST或*ST等风险警示情形，是否存在重大退市风险。如果公司存在较大的被实施风险警示或者退市风险，风险提示一般会被放在公告开头，以便更容易被大家读到。此外，风险提示的字数也可能会变多，字体也可能会加粗。例如，2023年1月30日，某上市公司披露了业绩预告，在业绩预告的开头以加粗字体写道："截至本公告日，公司尚未消除非标审计意见。若公司2022年度报告出现《深圳证券交易所创业板股票上市规则》第10.3.10条规定的情形之一，公司股票将被终止上市。敬请广大投资者理性投资，注意风险。"最终，该公司于2023年7月退市。

上述公告中的表述可被视为上市公司提前向投资者提示风险，预示着年报很可能不尽如人意。中小投资者要格外关注这些迹象，不要等到公司年报出来后才后悔不已，白白损失投资。

第三节 年报的披露

对于资本市场行业的从业者来说，4月30日是一个值得铭记的时间点。我国《证券法》明确指出，上市公司应当在每年4月30日前披露年度报告，也就是说，披露年报是上市公司的法定义务。正如本章开头所述，公司最重要的公告就是年报。上市公司一年的经营成果，需要体现在几百页乃至上千页的文件上。而本部分正是要强调在公司披露年报的那一天，中小投资者需要重视的事情。

从年初开始，就会有部分公司陆续披露自己公司的年报。这么早披露年报的公司一般来讲都是业绩不错、比较规范的公司，或者公司有较强的融资需求，想在出年报后及时推动自己的再融资等资本运作项目。但更多的公司选择在3月至4月这段时间，特别是4月的最后一周这一年报的"井喷期"披露年报。在这段时间内，如果中小投资者打开炒股软件的资讯栏目，每天都会收到各类公司的年报资讯提醒，甚至晚上 12 点多都会收到。对于各类投资者、上市公司，乃至监管机构而言，这段时间都是相当难熬的日子。

每次披露年报的时候，上市公司会陆续上传十余份乃至百余份的公告。中小投资者经常会陷入各类公告的汪洋之中，除了把年报打开看一下以外，其余的公告基本上就被忽略了。但实际上，这些看似烦琐的文件中其实隐藏着不少有用的信息，值得一读。以下，我们将挑选几个重要的公告类型，分享如何从中获取有用的信息。

● 董事会决议

首先应当读一读的是随着年报披露出来的董事会决议。如果对一家公司感兴趣，就一定不要错过这家公司披露的每一份董事会决议。年报披露、重大人员安排、对外投资（超过一定金额）都需要通过董事会决议后方能推进。

对于随着年报披露出来的董事会决议，中小投资者特别需要关注与年报、会计差错更正等相关的表决情况。如果在董事会决议中存在董事投反对票或弃权票的情况，很可能预示着公司内部存在一定问题，如大额的资金占用、违规担保，甚至财务造假等危机都有可能出现，中小投资者需要仔细阅读相关董事投反对票或弃权票的理由。

例如，2022 年，某上市公司宣布其董事会审议通过《关于公司 2022 年半年度报告全文及其摘要的议案》，投票结果显示其两位董事投了反对票，并详细说明了反对理由。2023 年，该公司审议通过了《关于公司 2022 年度报告全文及其摘要的议案》，又有两名独立董事投弃权票。最终，该公司由于连续两年审计报告被出具无法表示意见且净资产为负,迎来了退市的命运。

● 利润分配及公积金转增股本预案

利润分配及公积金转增股本预案的公告是另一份值得仔细阅读的公告,有关公司分红的情况就体现在这个公告中。分红是股票投资者获取投资收益的方式之一,也是上市公司分配利润的一种方式。常见的上市公司分红方式有现金分红和股票分红两种形式。

现金分红,又被称为分派现金股利,即上市公司将一部分利润以现金的形式分配给股东。例如,"每10股派1元"就是指投资者手中持有的每10股股票可获得1元钱的现金股利。对于中小投资者而言,现金分红的吸引力非常大,可以让部分投资收益"落袋为安",毕竟只有现金才是最稳妥的。

股票分红的特点是股东获得的分红并不是现金,而是上市公司自身的股票。股票分红又可分为送股和资本公积金转增股本。送股是将公司的部分利润转为股票,并以股利的形式分配给股东;资本公积金转增股本(又被称为转增)是指上市公司将资本公积金转换成股票形式进行分红。无论是送股或是转增,股东持有的公司股份数量都会直接增加。对于看好上市公司未来发展,相信公司股价会进一步上升的投资者而言,股票分红的吸引力较大。

对于投资者而言,上市公司分红是一个好消息。许多投资者一看到上市公司分红就非常兴奋,毕竟自己的投资终于收获了一些回报。如果在利润分配及公积金转增股本预案中,上市公司披露出了巨额现金分红,甚至是"高送转"分红预案时,投资者就很可能陷入狂欢,公司股价可能立刻涨停。"高送转"指的是上市公司进行高比例的送股和转增。例如，有些上市公司的"高送转"方案为每10股转增10股，即投资者手上的每10股股票将会变成20股。

虽然巨额现金分红和"高送转"分红预案看上去非常"诱人"，但是投资者在面对这些看似美好的方案时，需要格外小心。因为"高送转"行为，由于涉及除权事项，会导致股价下降（投资者手中股份变多，但股价下降）。而股价的下降容易增加公司的退市风险，这是由于近几年交易所修改和完善了退市制度，面值退市（即股价连续几个交易日低于1元）的威力不容小觑。如果公司频繁"高送转"导致股价过低，就很容易触发面值退市。

对于大额现金分红行为，则要特别注意上市公司本身是不是在透支自己的现金强行分红。记得在读本科时，我的会计学老师在讲课时曾向大家问了个问题：在财务报表中，最能体现公司未来发展的报表是哪个？大部分同学回答的是利润表，也有一些回答是资产负债表。老师最后说她认为是现金流量表，因为"现金为王"（Cash is the king），现金流的充沛对公司的生产经营、对外投资非常重要。而上市公司进行大额的现金分红，会对其现金流产生不小的影响。这时，投资者要判断上市公司进行大额现金分红究竟会不会对公司未来发展产生影响，公司现金流在分红后是否还能支持其更好发展，这些都是要打问号的地方。特别是对资产负债率较高且经营活动现金流量不佳，又存在大比例现金分红情形的公司，中小投资者应该重点关注，防止大额现金分红对企业的生产经营、偿债能力产生严重的不利影响。

大额现金分红虽然在短时间内看是很诱人的利好消息，但实际上可能更多地照顾了公司大股东的利益，透支了上市公司的现金流，损失的是上市公司更多的发展机会和长远利益，而中小投资者却白白损失了投资。

● 拟续聘、变更会计师事务所

在出年报的环节中，除了上市公司的财务部门以外，年审会计师是最累的。年审会计师的工作职责就是对上市公司财务报表的真实性、准确性等方面进行审计（通俗来讲，就是一种检查），并对财务报表发表自己的意见。在前面关于业绩预告的讨论中，我们已经提到年审会计师的作用。具体的意见类型及其影响，我们会在后续内容中详细讲述。

上市公司经常会在披露年报的同时，披露拟续聘、变更会计师事务所的公告。当然，也会有不少公司是在披露年报后，例如在9至12月份才会披露是否更换会计师事务所，也有少数公司在次年才披露。无论上市公司是在什么时候披露，这份公告所能透露出的信息都是非常重要的。中小投资者需要注意的是，年审会计师虽然是由上市公司花钱聘请来的，但年审会计师的工作却是对上市公司出具的财务报表发表意见。这个时候就会遇到审计学中的一个核心问题：如何在接受上市公司委托的同时，确保审计工作的独立性，发表一份既符合各类规定、准则，又保持专业性的意见？不可否认的是，这种坚持独立性的专业意见有时可能会导致上市公司不满意，从而导致上市公司选择变更会计师事务所。

在拟续聘、变更会计师事务所的公告中，上市公司会披露自己是续聘还是换选会计师事务所。如果公司更换了会计师事务所，中小投资者就需要仔细阅读更换的原因。如果公司披露了更换会计师事务所的公告，原因却语焉不详，特别是临近年报披露日期突然披露换所公告，就说明公司很可能存在比较大的问题。这时，中小投资者必须提高警惕，要做好公司业绩暴雷，存在重大违规行为，甚至是年报无法如期披露出来的心理准备。例如，某上市公司2023年1月才披露变更会计师事务所的公告，此时距离年报披露不足3个月。新任年审会计师1月初拟进场开展审计，但公司仍不配合审计，提供的资料不符合审计要求。最终，年审机构出具无法表示意见的审计报告，公司迎来了退市的命运。

值得注意的是，即便上市公司的换所理由并无明显异常，中小投资者也需要重视新会计师事务所的规模、专业性等方面，特别是要考察该会计师事务所的会计师是否有从事上市公司审计业务的经验。

● 募集资金使用进展情况及其他相关的公告

募集资金是指公司通过IPO（即首次发行新股）或者再融资（即后续又发行了新股）等方式筹集的资金。募集资金管理是上市公司的责任，上市公司会详细记录募集资金的支出情况和募集资金项目的投入情况。在披露半年报和年报时，上市公司也须披露募集资金的使用进展公告。此外，年审会计师会对年度募集资金的存放与使用情况出具鉴证报告，券商也会对相关情况出具专项核查报告。

对于上市公司来说，怎样使用这笔"巨款"是一个很现实的问题。原则上，募集资金应当用于上市公司的主营业务，不得用于证券投资、衍生品交易等高风险投资。对于绝大部分上市公司来说，募集资金将会用于公司自己的生产厂房、存储仓库建设、研发项目投资、办公场所购置等方面。在公司向交易所等申报项目时，募集资金的具体使用方向、募投项目情况、预计的完工时间等募投计划内容都会被披露出来。一般情况下，上市公司会按照其已经披露出的募投计划，按部就班地使用募集资金。

但实际上，仍有不少公司会披露改变募集资金用途或者变更募投项目等公告，打算延后募投项目的完工时间、变更具体的项目工程等。当然，在募投项目开工建设后，肯定会遇到很多不确定因素，例如行业政策变更、市场环境改变或者工程建设不及预期等客观情况，这些客观原因完全是可以理解的。

中小投资者需要格外注意的是一些主观的因素，要对为什么公司改变了募集资金的使用计划产生疑问。监管规则明确要求公司需及时披露改变募集资金的用途或者变更募投项目的公告并说明原因，中小投资者此时要对公司披露的原因仔细研判，看看相关原因究竟站不站得住脚。因为一些非合理的募投计划变更可能意味着募集资金被任意违规使用，甚至是被上市公司实际控制人占用，归为自有。例如，某上市公司于20XX年12月向某银行申请了4,200万流动资金，并将公司存于募集资金专户的3,000万定期存单作为银行发放贷款的担保，但是公司未对上述事项履行相应的审批程序及信息披露义务。此外，该公司于20XX年4月、5月分别违规使用募集资金650万元归还贷款，于20XX年4月和8月使用募集资金350万元支付货款，而这些资金用途并未体现在上市公司之前披露的募投计划中。这种任意使用募投资金的违规行为最终导致上市公司被监管机构处罚。

当然，针对募集资金如此重要的事情，不可能仅仅让上市公司自己披露公告就完事。监管机构要求会计师事务所应对募集资金的存放与使用情况出具鉴证报告。如果会计师事务所的结论为"保留结论""否定结论"或"无法提出结论"，则：

（1）公司董事会应当就鉴证报告中会计师提出该结论的理由进行分析；

（2）提出整改措施并在年度报告中披露；

（3）保荐机构（即券商）在专项核查报告中分析原因并提出明确的核查意见。

此外，监管机构也明确要求保荐机构应当至少每半年对上市公司进行一次现场检查，并在年度结束后对公司年度募集资金的存放与使用情况出具专项核查报告，并进行公开披露。

● 业绩承诺实现情况的公告

对外收购是上市公司的一项较为常见的活动。通过对外收购，上市公司可以获得更多的市场、人才、发展机会等。当前，A股市场对新公司上市的要求趋严，即使公司上市了，公司实际控制人也较难套现离开。所以，有不少尚未上市的公司可能主动对接上市公司，寻求被收购的机会。

上市公司对外收购相关公告的一些其他具体细节我们会在后续章节展开讲述。在这里，我们要讨论的是一般会随着年报一同披露的业绩承诺实现情况公告。业绩承诺是指当上市公司进行对外收购时，被收购公司的原股东对被收购公司未来一段时间内（一般为三年）的业绩所做出的一种保障性承诺。一般来说，原股东会承诺，当被收购公司没有达到一定的净利润时，原股东会以现金、股权等方式，把没达到的金额补偿给上市公司。需要特别指出的是，出于法律方面的考虑，这种承诺一般是由被收购公司的股东做出，所以如果业绩承诺并没有如期完成，主要是由做出承诺的原股东承担责任，补偿责任与被收购公司的关联度不大。

业绩承诺是一把双刃剑。一方面,如果原股东仍在被收购公司任职,业绩承诺的确会促使原股东更加专注于公司的业绩与发展,原股东在达成业绩承诺的同时让被收购公司业绩增长,从而达到一种双赢的局面。即使原股东不在被收购公司任职,业绩承诺安排也可以减轻被收购公司业绩暴雷等突发情况对上市公司的影响,补偿上市公司可能遭受的损失。但是另一方面,业绩承诺的设置很可能成为被收购公司原股东激进型发展、操纵业绩及财务造假等的诱因,市场中有不少案例显示,被收购公司在业绩承诺期限届满后,被收购公司发生业绩严重下滑、客户流失等情况,甚至在多年后发现被收购公司在业绩承诺期限内存在严重的财务造假问题。

例如,某上市公司收购了某有限公司,该有限公司的股东做出业绩承诺,详细约定了在 2015、2016、2017 年度内,承诺净利润分别不低于人民币 1.7 亿元、2.4 亿元和 4 亿元。若在业绩承诺期内,该有限公司的净利润低于承诺的净利润水平,则由原股东对上市公司进行补偿。2023 年 1 月,中国证监会出具《行政处罚决定书》,认定该有限公司在 2015 年至 2019 年期间存在虚增利润的情形。

中小投资者需要特别关注业绩承诺的完成情况。在披露年报后,有部分被收购公司会出现业绩精准达标的情形,实际业绩与前期承诺的业绩几乎完全一致,这种情形很可能反映了被收购公司存在操作业绩甚至是财务造假的情形。

此外,针对业绩承诺没有达标的情形,也不能掉以轻心。当出现需要业绩补偿的情形时,原股东可能会想方设法减少需要向上市公司补偿的金额,可能会与上市公司某些人员私下达成协议,变更业绩补偿协议，减少补偿金额或延后补偿期限，从而损害上市公司及中小投资者的利益。因此，中小投资者要时刻关注上市公司是否通过催收、司法等途径，及时要求原股东进行业绩补偿，确保本应属于上市公司的补偿款切实地进入上市公司账内。

● 非经营性资金占用及其他关联资金往来情况汇总表

上市公司与其实际控制人的关系相当微妙。从法律上讲，实际控制人与其他股东没有太大区别。除非在上市公司担任了职务，否则实际控制人与上市公司只有股权上的关系，而不应有其他特殊的联系。但是，在实际中，由于内部治理的欠缺（内部治理的详细内容将留待后续章节）以及实际控制人"一股独大"，经常会有实际控制人把上市公司当作"自家财产"，与自己的资产混为一谈，从而导致了资金占用的现象。

资金占用，本质上就是实际控制人利用其控制上市公司的特殊地位，通过银行资金划转和资金拆借、要求上市公司为其垫付各类支出、虚构交易、借由"第三方"中转等手段，实现其占用上市公司财产的目的。例如，某上市公司于2018年度、2019年度向供应商支付无实质业务支撑的预付款，而该笔预付款的部分款项却流向了上市公司的实际控制人C，构成资金占用。

从现有案例看来，上市公司的实际控制人可能通过以下方式占用上市公司资金：

（1）要求公司为其垫付工资、福利、保险、广告等费用，承担成本和其他支出；

（2）要求公司代其偿还债务；

（3）要求公司有偿或者无偿、直接或者间接拆借资金给其使用；

（4）要求公司通过银行或者非银行金融机构向其提供委托贷款；

（5）要求公司委托其进行投资活动；

（6）要求公司为其开具没有真实交易背景的商业承兑汇票；

（7）要求公司在没有商品和劳务对价的情况下以其他方式向其提供资金；

（8）不及时偿还由公司为其承担的担保责任而形成的债务。

为了第一时间了解上市公司是否存在资金占用的情形，中小投资者应该及时阅读上市公司随年报同时披露出的非经营性资金占用及其他关联资金往来情况汇总表（如表2-1）。

这个汇总表第一眼看起来会比较吓人，包含了很多较为专业的术语。但实际上，这份表格是一只"纸老虎"。这份表格包含"非经营性资金占用"及"其他关联资金往来"两个部分。中小投资者只需要关注这份表格的"非经营性资金占用"部分，如果这一部分显示有金额，那就说明上市公司存在资金占用，后续将会引来监管机构的关注和处分。同时，有不少案例表明，公司实际控制人的资金占用很可能意味着该实际控制人资金紧张、合规意识淡薄，很可能陷入资金占用"屡犯不止"的境地。

例如，某上市公司在2020年1月至4月期间，其控股股东累计占用公司资金7.58亿元。而到了2021年，该控股股东违规占用资金的行为愈演愈烈，全年累计占用公司资金20.74亿元。截至2024年2月，仍存在7.7亿元的占用余额，最终该公司迎来了退市命运。

中小投资者一定要对上市公司实际控制人是否存在资金占用情形保持高度重视。对于存在相关情形的上市公司，在投资时要格外小

表 2-1 年度非经营性资金占用及其他关联资金往来情况汇总表

非经营性资金占用	资金占用方名称	占用方与上市公司的关联关系	上市公司核算的会计科目	2023年期初占用资金余额	2023年度占用累计发生金额（不含利息）	2023年度偿还累计发生金额	2023年期末占用资金余额	占用形成原因	占用性质
控股股东、实际控制人及其附属企业									
小计									
前控股股东、实际控制人及其附属企业									
小计									
其他关联方及其附属企业									
小计									
总计									

其他关联资金往来	资金往来方名称	往来方与上市公司的关联关系	上市公司核算的会计科目	2023年期初资金余额	2023年度占用累计发生金额（不含利息）	2023年度偿还累计发生金额	2023年期末占用资金余额	往来形成原因	往来性质
控股股东、实际控制人及其附属企业									
上市公司的子公司及其附属企业									
其他关联方及其附属企业									
合计									

心，因为实际控制人的资金占用很可能成为一个无底洞，最终拖垮了上市公司，也连累了中小投资者。

● 社会责任或可持续发展报告

可持续发展是一种关注企业的环境影响、社会责任、公司治理等可持续发展因素的新投资理念和企业评价指标，近年来已成为境内外市场评价上市公司投资价值的新要素。随着A股市场国际化进程的加速，可持续发展报告已成为上市公司吸引国际投资者的"敲门砖"。

近期，监管机构提高了对上市公司可持续发展报告的要求，在优质指数的成分股以及境内外同步上市公司中推行强制性可持续信息披露要求，并鼓励有条件的公司自愿进行披露。相关规则明确规定，上市公司应当在每个会计年度结束后四个月内编制《可持续发展报告》，经董事会审议通过后披露，披露时间不得早于年度报告。

在可持续发展报告中，上市公司会披露对公司财务成果、投资者做出价值判断和投资决策产生较大影响的可持续发展信息。此外，上市公司自身生产经营活动可能对环境、社会、利益相关者等产生的重大影响，也会在可持续发展报告中被披露。报告中的内容涵盖了环境、社会责任、可持续发展相关治理等方面，并体现乡村振兴、创新驱动等具备中国特色的可持续发展内容。

可持续发展报告是A股国际化进程的一大成果，也是吸引优质境外机构投资的重要手段。当前，有不少境外机构已经将上市公司是否具有可持续发展能力视为其重大投资指标，有些机构甚至推出了可持续发展基金，专门投资这一领域。中小投资者应当关注上市公司针对环境、社会责任、公司治理等方面的信息披露，特别是上市公司在应对气候变化、资源利用与循环经济、建构可持续供应链、反商业贿赂与不正当竞争等方面的具体措施。

第四节　年报的分析解读

在本章的开头，我们就提到，上市公司最重要的公告就是年报。一年之中，上市公司可以没有对外投资公告、没有变更董事监事公告，但是一定会披露年报。一份年报，少则几百页，多则可达上千页，汇集了上市公司一年的经营成果、发展情况。可以说，年报所包含的信息量是各类上市公司公告中最多的，也是最值得中小投资者阅读、分析的。但是，中小投资者经常会对年报中庞大且复杂的内容感到束手无策。鉴于此，我们会聚焦上市公司的年报正文，对正文中重要的章节、段落、财务及非财务的信息进行系统性的梳理与分析，并对重要的部分进行细致解读。

监管机构对 A 股上市公司的年报格式进行了统一的要求。一般来讲，一家上市公司的年报包含以下十个章节：

第一节　重要提示、目录和释义

第二节　公司简介和主要财务指标

第三节　管理层讨论与分析

第四节　公司治理

第五节　环境和社会责任

第六节　重要事项

第七节　股份变动及股东情况

第八节　优先股相关情况

第九节　债券相关情况

第十节　财务报告

当然，由于上市公司的情况各不相同，各家公司对每章节的详略程度也不相同。例如，如果一家公司没有发行优先股或者债券，那么第八、九章节自然会是空白的。我们从上述十个章节中挑选出重要的章节，逐一进行深层次的分析和解读。

• 公司简介和主要财务指标

年报中的第二章节是公司简介和主要财务指标。这一章节的重点在于主要财务指标段落，包括主要会计数据和财务指标、分季度主要财务指标、非经常性损益项目及金额等。主要财务指标起到了为使用者快速了解公司大致业绩情况的作用。

在主要财务指标段落中，中小投资者可以重点关注公司营业收入、归属于上市公司股东的净利润（一般简称"扣非前净利润"）、归属于上市公司股东的扣除非经常性损益后的净利润（一般简称"扣非后净利润"）、经营活动产生的现金流量净额、归属于上市公司股东的净资产、基本和稀释每股收益这几个财务指标。

（一）营业收入

在众多财务指标中，营业收入是当之无愧的核心，也是最广为人知的指标之一（另一个是净利润）。如果拿出公司财务报表三大表之一的利润表进行阅读（后续会详细讲解），那么，营业收入必定是第一项。实际上，一家公司的利润表就像一条长长的河流，营业收入是源泉，成本、费用是蒸发流失的水，各类收益是补充进来的水，最后这条河流里剩余的水成为净利润。(针对公司利润表的详细介绍,我们会在后续段落中展开。)对于营业收入的分析,中小投资者可以从以下三方面入手。

1. 营业收入的变动情况

在主要会计数据和财务指标中,上市公司会披露连续三年的具体财务指标金额,并会披露本年与上年的增减百分比。此外,在第三节的管理层讨论与分析中,上市公司会对营业收入的增减进行详细的分析和解释,并会介绍行业发展情况。结合上市公司自行披露的信息以及自行收集到的信息等,中小投资者可以对公司营业收入做进一步的分析,做好投资决策。

但必须强调的是,上市公司营业收入的增减是非常复杂的。即使上市公司当年的营业收入增长率非常高,也不能直接判断这个公司下一年的营业收入自然会增长。事实上,不少公司营业收入的高增长反而可能代表着公司未来发展潜力的弱化。

2. 营业收入的季度变化

分季度主要财务指标是一块经常被中小投资者忽略的信息,但监管机构却对这块格外关注。在分季度主要财务指标中,上市公司会披露四个季度营业收入的具体金额。

一般来讲,一家上市公司的营业收入应该是较为平稳的,各季度的变动浮动不会很大。如果披露出的金额显示各季度营业收入差异较大,中小投资者就需要分析公司业务、产品是否存在较强的季节性特征,并对比同行业的公司是否也存在类似特征,评估其差异的合理性。如果上市公司第四季度出现较大的营业收入增长,就可能暗示着存在突击确认收入、操纵收入确认时点等违规行为。

3. 营业收入的金额是否贴近"退市危险线"

"退市"两个字对于上市公司来说,就像是"死刑判决书",关于退市的具体规则、案例等,我们会在后续章节中具体分析与解读。营业收入的规模对于上市公司是否退市具有决定性的意义。按照沪深两所的现行规则,主板上市公司若连续两年营业收入低于3亿元且净利润(扣非前后孰低)为负,会面临退市;对于创业板、科创板的上市公司,则是营业收入连续两年低于1亿元且净利润(扣非前后孰低)为负,会面临退市。因此,对于营业收入低于3亿元、1亿元的上市公司,中小投资者务必格外谨慎,当心一不留神,上市公司由于亏损且营业收入过低而被实施退市风险警示,乃至被退市。

即使对于营业收入略高于3亿元、1亿元的上市公司,投资者也不可以有投资完全安全的想法。监管机构为了避免部分上市通过以临时虚增收入、突击确认收入等形式逃避退市,明确要求亏损的上市公司,应当披露营业收入扣除情况报告,包含与主营业务无关的业务收入、不具备商业实质的收入情况,以及扣除后的营业收入金额。即使对于年报中已披露出的营业收入,也很有可能在监管机构的问询和关注下,被要求做进一步扣除,导致公司营业收入降至3亿元或1亿元以下。

(二)扣非前后净利润

正如前文所述,净利润是上市公司利润表这条长长的河流中最后剩余的水。一家上市公司的营业收入可能非常高,但最后净利润却连年为负。不同于营业收入主要反映公司产品或服务的销售情况,净利润是一个更加复杂的综合性指标,反映了公司的销售情况、成本管理、费用管控,甚至是税务筹划等多种经营能力。

由于净利润的复杂性,其比营业收入更容易被操纵。例如,如果一个公司的营业收入并无明显增长,但净利润却出现较大涨幅,很可能反映了上市公司通过降低成本、削减支出,甚至加大费用资本化力度等手段人为调节净利润,粉饰业绩。此外,部分上市公司还可能通过与经营主业无关、临时性业务等交易,人为地影响上市公司的盈利水平。

为了尽量消除这种临时性、非稳定交易的影响,减少上市公司人为调节净利润的空间,相关规则明确要求上市公司除披露归属于上市公司股东的净利润(扣非前净利润)外,还要披露归属于上市公司股东的扣除非经营性损益后的净利润(扣非后净利润),并在非经常性损益项目及金额中披露非经营性损益的详细情况。由于净利润是一个备受关注却又较为容易被操纵的指标,中小投资者应该同时关注扣非前后净利润,判断扣非前后净利润当中的孰低值对上市公司的影响。

(三)经营活动产生的现金流量净额

"现金为王"是中小投资者应该铭记的原则。一家上市公司的现金来源有经营活动、投资活动和筹资活动等。一般来说,由于上市公司经营活动较投资和筹资活动频繁,且经营活动产生的现金流量与公司生产经营更加相关,因此,中小投资者更应该关注经营活动产生的现金流量。而经营活动产生的现金流量净额是指经营活动现金流入减去经营活动现金流出。

经营活动现金流入主要包括:销售服务或货物取得的收入、投资收益、金融收入等取得的现金;经营活动现金流出主要包括:为购买原材料、货物以及支付报酬等支付出去的现金。

经营活动现金流量净额是衡量上市公司经营成果的重要指标,能够反映其现金财务状况。中小投资者应该对此指标给予高度重视,并从以下两个方面入手分析。

一是经营活动产生的现金流量净额直观体现了上市公司偿债能力。一家公司一旦失去了偿债能力,就会面临退市及破产清算的风险。近期,A股市场不少房地产企业披露了债券到期无法如期支付的公告。即使这些公司的总资产十分庞大,营业收入达百亿以上,却连几千万乃至几百万的利息也支付不了,这正是偿债能力过弱的体现。中小投资者可以通过分析两个由经营活动产生的现金流量净额计算出的比率,对上市公司的偿债能力进行分析评估(本书的重点是上市公司的信息披露,所以对财务报告的指标分析将简要提及)。

现金流量比率 = 经营活动现金流量净额 / 流动负债

该比率主要用于评估公司的短期偿债能力,该指标高说明上市公司短期偿债能力强。但如果指标过高,也可能暗示上市公司现金管理水平较低。

流量利息保障倍数 = 经营现金流量净额 / 利息支出

其中,利息支出包括利润表财务费用中的利息费用和资本化利息。如果实在找不到资本化利息金额,分母就可以直接用利息费用。流量利息保障倍数的数值越大,说明上市公司偿还利息的能力越强,在支付利息时更加游刃有余。该比率同利息保障倍数备受财务分析人士欢迎,利息保障倍数与流量利息保障倍数的主要区别在于分子,利息保障倍数的分子是息税前利润(即不考虑利息和税务的利润)。值得注意的是,因为上市公司支付利息的方式是现金,而不是利润,所以一般来讲,流量利息保障倍数比利息保障倍数更为可靠。

二是在分季度披露的主要财务指标中,与营业收入一样,上市公司也会披露各季度的经营活动产生的现金流量净额。由于上市公司所处行业、业务模式、产品类型等各不相同，因此，很难用一个统一的标准对各季度现金流量净额进行评估。但是一般来讲，各季度经营活动产生的现金流量净额应该与各季度扣非前后净利润的变动趋势保持一致，因为两者本质上都是指上市公司通过正常经营获得的经济收益。如果两者之间出现不一致，那么中小投资者需要予以关注，因为这可能暗示着上市公司存在提前确认应收账款、多计营业收入、调节净利润等现象。

（四）基本和稀释每股收益

在大学期间，我有幸在香港某券商实习。由于香港租房太贵，我每天清晨5点从深圳出发，7点到单位后的第一件事就是看公司年报或者季报，计算出基本每股收益（Basic EPS）和稀释每股收益（Diluted EPS）。

基本每股收益 = 净利润 / 总股本

与基本每股收益相比，稀释每股收益考虑了上市公司未来可能发生的总股本变动因素，但计算起来较为复杂，在此不做过多论述。上市公司会在主要会计数据和财务指标中披露近三年的基本和稀释每股收益。这两个指标主要反映公司的盈利能力，可用于衡量投资回报价值。指标数值越高，说明上市公司盈利能力越强，投资回报也越高。

此外，由于上市公司进行股票股利派发、公积金转增股本等操作会影响公司总股本，因此，相关规则要求上市公司按最新的股本情况，调整并披露最近三年的基本每股收益和稀释每股收益。

● 管理层讨论和分析

年报中的第三章节是管理层讨论与分析。与第二章节主要披露财务指标,但缺少分析说明不同,在这一章节中,上市公司会围绕报告期内的业务经营信息和财务报告数据,投入非常多的笔墨,对过去一年内已发生或预期未来要发生的重大事项进行深入的讨论和分析。

在年报中,第三章节所提供的信息量基本上是数一数二的,也往往最吸引投资者阅读。这一章节就像是年报中的宝藏,可以为中小投资者提供海量的有效信息,帮助他们分析和判断上市公司的投资前景。如果想了解一家上市公司是做什么的、做得怎么样,那么就一定要仔细阅读这一章节,该章节主要包括以下几个段落:

一、公司所处行业情况

二、公司从事的主要业务

三、核心竞争力分析

四、主营业务分析

五、非主营业务情况

六、资产及负债状况分析

七、投资状况分析

八、重大资产和股权出售

九、主要控股及参股公司分析

十、公司控制的结构化主体情况

十一、公司未来发展的展望

十二、报告期内接待调研、沟通、采访等活动登记表

这一章节非常重要,它涵盖了上市公司从行业发展到自身业务,

从产品销售到对外投资的方方面面，值得中小投资者深挖。下面，我们将重点讲解其中几个信息量较大的段落。

（一）公司所处行业情况

在公司所处行业情况的段落中，上市公司会详细分析行业现状和行业发展趋势两个方面。如果对上市公司所处行业的情况感兴趣，这一部分内容就非常值得中小投资者阅读，它有助于提升中小投资者的行业判断能力，也可以避免中小投资者陷入投资了半天却连上市公司所处什么行业、面临什么样的行业风险、受什么行业政策影响都不知道的境地。

不过，有必要指出的是，上市公司会在这一段落引用相当多的第三方数据、资料。中小投资者应当对这些数据、资料是否具有足够的权威性给予充分关注，避免上市公司"王婆卖瓜，自卖自夸"。

（二）公司从事的主要业务及核心竞争力分析

上市公司从事的业务各式各样，有养猪、养鸡这种贴近民众生活的，有制造新能源汽车、芯片这种"高精尖"的，也有制造高端装备、军用产品这种"国之重器"的。

在从事上市公司信息披露的相关工作中，我最喜欢的一点就是可以与从事不同行业的上市公司打交道，了解他们的业务、产品。我曾经带过几位实习生，有时会领着他们旁听我与上市公司的沟通会议。最后临走前，我问他们对这段实习印象最深的是什么。他们说没想到连手机上那看似简简单单的发光屏幕，都会涉及那么多的技术、那么多的上市公司、那么多的产业链。如今，我们的生活已离不开上市公司所开展的各项业务。

在公司从事的主要业务及核心竞争力分析中，上市公司会介绍公司的主要业务、产品情况、经营模式、市场地位、公司优势等方面，并会注明公司从事的主要业务是否要遵守专门的披露要求。针对新能源、通信、互联网游戏等热点行业公司，监管机构设置了专门的披露标准，要求其额外披露一些业务、产品的相关数据。例如，创业板上的互联网游戏公司，须按季度统计并披露主要游戏的运营数据，包括主要游戏的用户数量、活跃用户数、付费用户数、平均付费额（ARPU）、充值流水等信息。

需要注意的是，上市公司在描述自己的业务、产品时，可能出现夸大、失真的现象。例如，某A股上市公司在年报中反复提到已自主研发某高端设备，但实际上，此设备与大众所熟知的由国外知名企业生产的同名设备完全不是同一种东西。最后，该A股上市公司被监管机构严厉处罚。因此，中小投资者在阅读上市公司关于自己优势的描述时，应保持理性，审慎判断其真实性与合理性。

（三）主营业务分析

前文提到，年报中的第三章节所提供的信息量基本上是数一数二的，也往往最吸引投资者。主营业务分析在第三章节中是核心所在，提供的信息量非常丰富，是中小投资者必读的段落。

在这一段落中，上市公司首先会介绍公司的整体情况及业务回顾，紧接着就会详细分析上市公司的收入与成本、费用、研发投入、现金流等指标情况，并会较为详细分析上述指标变动的原因。下面，我们具体介绍几个中小投资者应该关注的指标情况。

1. 公司营业收入构成

上市公司一般会按照分行业、分产品、分地区、分销售模式披露近两年的营业收入，并显示同比增减。结合前文谈到的公司从事的主要业务及核心竞争力分析，中小投资者可以判断上市公司是否真如其所说的一样在重点发展某行业或某产品，还可以判断上市公司的出海业务发展如何，并通过同比增减情况，判断公司相关业务或产品是否存在严重下滑的趋势，从而评估其市场竞争力是否减弱。

2. 占公司营业收入或营业利润10%以上的行业、产品、地区、销售模式的情况

上市公司会披露其按照行业、产品、地区、销售模式分类的重点领域（占比10%以上）的营业收入、营业成本、毛利率及相关的增减变动情况。毛利率无疑是一个核心关注点。如果上市公司某行业、产品的毛利率严重下滑，甚至出现负毛利率，那么，中小投资者必须格外重视，因为这可能预示着上市公司的生产经营存在一定问题。例如，某上市公司年报披露其影城业务毛利率为负，主要系影院场地租赁、人员成本、固定成本投入较高，设备等固定成本折旧摊销较高；同时由于公司影院分布在全国各地，不利于总部管理，经济效益差。该公司在披露年报后不久，就被实施了其他风险警示。

3. 主要销售客户和主要供应商情况

供应商和销售客户代表着上市公司的上下游关系。上市公司会披露其前五大销售客户及供应商的销售、采购金额、相关占比，以及其中与关联方交易的比例。中小投资者应该注意两点。

一是存在对客户或者供应商严重依赖的迹象。如果上市公司披露出的数据显示其对某客户或供应商的交易金额占年度销售总额或采购总额的比例过大（一般为30%或50%以上），则代表这个上市公司的业务其实存在比较大的客户、供应链风险。例如，某上市公司披露其前五名客户合计销售金额占年度销售总额比例为85.59%，其中第一大

客户占比30%。后续，该公司被其客户踢出供应链名单，导致该公司业绩暴跌90%以上，遭遇了巨额亏损。由此可见，对单一客户或者供应商的严重依赖可能导致非常大的经营风险。

二是存在较多的关联交易。如上市公司与实际控制人、董事、监事及高级管理人员等相关方进行商业交易，如何保障交易的公允性是一个非常现实的问题。当然，上市公司发生关联交易存在一定的合理性，也可能存在一定的需求。但是，如果一家公司披露其与关联方的销售额或者采购额占比过大，上市公司就可能存在向关联方利益倾斜的风险，有可能发生资金占用、掏空上市公司等损害中小投资者利益的情况。

4. 研发投入

研发投入是上市公司保持竞争力的关键。上市公司会披露其研发人员的数量、学历、年龄构成等情况，此外，还会披露近三年研发投入金额占比、资本化金额占比等情况。中小投资者应该关注公司是否存在研发人员急速减少的情况，这是上市公司竞争力下滑的一个明显信号。此外，如果公司研发投入的资本化比例较高，则需要特别关注上市公司是否存在调节利润、粉饰业绩的可能性。简而言之，一旦研发投入被资本化，在本期年报中就不会影响上市公司的净利润。诚然，部分研发投入的资本化有其合理性，但上市公司可能滥用资本化这一手段，从而减少研发费用，人为提高净利润以粉饰业绩。

● 公司治理

上市公司正常的运作离不开公司治理。在年报的第四章节中，上市公司会披露公司治理的相关信息，但对于中小投资者而言，有用的信息量明显少于前两章。长期以来，公司治理是 A 股上市公司的痛点、难点。本书后续将深入剖析公司治理的方方面面，所以在这里，我们不会涉及过多的内容。

（一）董事、监事、高级管理人员的报酬情况

上市公司会详细披露董事、监事、高级管理人员的薪酬金额及是否在关联方取酬。对于上市公司实际控制人同时担任公司董事长等董监高职务的，中小投资者可以关注上市公司是否存在通过发放过高薪酬，间接向实际控制人进行利益输送的可能性。即使上市公司披露出的董监高的薪酬金额并不高，但若他们在关联方取酬，也可能表明上市公司存在变相为董监高提供高薪酬的情形。

（二）公司员工情况

上市公司会披露公司年度员工情况，包括员工的专业构成、教育程度等。在上一章节，我们已提到了研发人员数量的变动可以反映出上市公司的经营情况、竞争力等，同样地，公司员工情况这一段落也能起到类似的作用。中小投资者可关注上市公司销售人员、研发人员的数量变化，以及本科及以上学历员工的占比变化，这些数据都是衡量公司人力资源核心竞争力的关键指标。

● 重要事项

年报中的第六章节是重要事项，上市公司会披露承诺事项的履行情况、资金占用情况、违规担保情况、对"非标准审计报告"的说明、重大诉讼、仲裁事项、重大关联交易等。这一章节更像是一个信息集合，上市公司会把一些重要信息的概况披露出来。这一章节中的很多信息在本书中已有提及，例如，资金占用详情可以从非经营性资

金占用及其他关联资金往来情况汇总表中获取。在这一章节中,中小投资者可以关注承诺事项的履行情况以及重大诉讼与仲裁事项这两个方面。

(一)承诺事项履行情况

出于各种各样的原因,上市公司实际控制人、股东甚至是上市公司本身,会在上市前后做出各式各样的承诺,这些承诺有些是上市公司自愿做出的,也有一些是遵循规则或者监管机构要求做出的。

承诺是一项严肃的责任,规则明确要求上述各方严格履行所做出的公开声明和各项承诺,不得擅自变更或者解除。从市场实践来看,如上市公司及其相关方违反避免同业竞争、减持等公开承诺,或上市公司未按期实施回购、股东或董监高未按期实施增持计划等事项,都可能引起监管机构的问询及后续处分。

例如,2019年,某集团在收购同行业某上市公司时,由于该集团与上市公司具有业务交叉性,存在同业竞争问题。集团表示,在取得上市公司控制权后,将其作为集团未来的发展平台,并将集团自身旗下优质的资产注入上市公司,以解决与上市公司的同业竞争问题。该集团出具避免同业竞争承诺,承诺在收购上市公司后60个月内,根据所控制企业主营业务的发展特点整合各企业发展方向,全力解决与上市公司及其下属企业的竞争问题。但是5年后,该集团仍未履行前述承诺,并未解决其与上市公司存在的同业竞争问题。最终,该集团受到了监管机构的处罚。

上市公司会在承诺事项的履行情况中将涉及上市公司及相关方的承诺信息列示出来,并详细说明承诺方、承诺内容、承诺时间、期限等。中小投资者可以仔细阅读这部分内容,如发现上市公司及相关方存在承诺未履行或者大概率无法履行的情况,则要特别小心,关注其对上市公司可能产生的影响。

(二)重大诉讼、仲裁事项

上市公司会从事各式各样的业务,遇到各种诉讼、仲裁事项并不罕见。其实,中小投资者更应该担心的不是上市公司发生了诉讼或者仲裁,而是公司不披露或者拖延披露诉讼或者仲裁。在重大诉讼、仲裁事项中,上市公司会梳理年度内涉及的重大诉讼仲裁,并列明基本情况、涉案金额、进展等信息。

目前,针对重大诉讼事项,监管规则明确要求上市公司应该在收到相关法律文书之日起的两个交易日内披露相关情况。但是,由于部分诉讼或者仲裁可能对上市公司有相当不利的影响,从而影响公司业绩或者声誉,因此,一些上市公司可能选择不披露或者拖延披露相关事项,而这对中小投资者的影响甚大。例如,2020年至2021年间,某上市公司因融资租赁、担保、金融借款、民间借贷等事项,发生重大诉讼6起,连续12个月累计涉诉金额8亿余元,但是该上市公司并未按照规定及时披露相关重大诉讼事项,后来才发布《关于公司、公司子公司部分债务逾期涉及诉讼、仲裁及部分银行账户被冻结的公告》,披露了上述6起重大诉讼事项。最终,该上市公司被监管机构严厉处罚。

中小投资者可以通过裁判仲裁文书网站等互联网渠道,对上市公司涉及的裁判仲裁事项进行查询(裁判仲裁文书不一定都可以被查询到),尽可能避免遇到表明看起来"风平浪静",实际却"官司缠身"的上市公司。

特别需要指出的是,上市公司一旦涉及诉讼、仲裁等,就需要考虑预计负债的影响。预计负债是指因或有事项可能产生的负债，即如果上市公司在诉讼、仲裁中大概率会败诉，同时其利益会受损，那么上市公司会被要求提前计提一笔预计负债，把这个风险提前释放出来。这体现了会计学的严谨性，也降低了突发事件对上市公司的影响。上市公司会在披露重大诉讼、仲裁事项中，说明相关事项是否构成预计负债。

● 财务报告

记得在读本科的时候，看着其他同学辅修了会计专业，自己也跃跃欲试，就选了人生中第一门会计方面的课程，第一次知道原来公司还要出具财务报告，第一次知道"借（debit）左贷（credit）右"原则，也是第一次知道原来除了收入、利润以外还有那么多其他的科目，仿佛为我打开了新世界的大门。后来，我在会计课上取得了还算不错的成绩（至少比数学课强多了），为了提高自己的总体绩点（GPA），我选择辅修会计学，从此与会计学结下了不解之缘。步入职场后，会计学知识更是成为日常工作不可或缺的一部分，使我对财务报告有了更加深入的认识。

本书的重点在于向中小投资者介绍上市公司信息披露制度，财务报告的分析解读并不是本书的重点。但是，正如本章开头所述，年报是信息披露的基础，而财务报告就是年报的基础。为了让中小投资者对信息披露、年报有更清晰的了解，我们接下来会较为详细地分析和解读财务报告，包括审计报告、"三大表"（资产负债表、利润表、现金流量表），以及各类重要的财务指标等方面。

在具体分析财务报告前，我们要先强调几个方面：

一是财务报告是一个集合体，其中包含了审计报告、财务报表、公司基本情况、财务报表的编制基础、财务报表及其注释等多个内容。其中的重点是审计报告、财务报表及其注释。

二是上市公司会聘请会计师事务所的人员来担任年审会计师，年审会计师会对财务报表进行审计，发表意见，形成审计报告。上市公司管理层对财务报表负责。审计工作本质上是检查上市公司管理层的日常工作，保证财务报表的真实性、准确性、完整性。

三是因为年报需要审计，最晚可能到下一年度的4月底才会披露出来，时效性并不算强，有时需要结合上市公司的季报一同分析，才能更好地反映上市公司当下的财务状况。

（一）审计报告

上市公司年报中的财务报告的第一部分就是审计报告。审计报告是指年审会计师通过执行审计工作，对上市公司财务报表发表审计意见的书面文件，主要有鉴证、保护、证明三方面作用。在审计报告中，年审会计师会发表审计意见，审计意见是反映公司财务可信度、揭示财务风险的第三方独立意见。

审计报告及其中的审计意见是年审会计师的工作成果，是最能直接体现上市公司财务报表质量、内部控制完善程度的文件。每年一到年报季，无论是年审会计师还是上市公司，都会面临巨大的压力与挑战。

年审会计师紧张的是自己的独立性会不会受影响，审计质量能不能经受住监管机构、社会大众的考验。年审会计师的独立性一直备受关注，这是因为独立性是决定审计质量的关键因素，但遗憾的是，有时这种独立性会受到威胁，导致年审会计师沦为上市公司或者其实际控制人、董监高的"帮凶"。上市公司及其相关方很可能以"购买审计意见"的形式，提前与年审会计师沟通并约定审计报告的意见类型，导致审计工作失效，审计报告成为废纸一张。

例如，某会计师事务所曾向某上市公司承诺，不会对其年度财务报表出具否定或无法表示意见的审计报告，并提前约定了年审费用。会计师事务所和上市公司甚至在协定中明确约定：如该会计师事务所出具了非否定意见的审计报告，该上市公司承诺将继续聘请该会计师事务所作为年报审计机构。此外，双方还约定如该会计师事务所因出具非否定意见的审计报告被监管部门处罚，该上市公司应赔偿该会计师事务所因处罚遭受的损失。最后，该会计师事务所及上市公司均被监管机构严厉处罚。

再如，经监管机构的问询，某上市公司披露其年报审计机构的推荐人竟然是该公司涉及资金占用、违规担保等违法行为的主要责任人员。同时，该会计师事务所的规模、履历都不强。鉴于该上市公司已处于退市边缘，其购买审计意见的意愿非常强烈，这引起了监管机构、市场媒体的广泛关注与质疑。最终，该上市公司也没逃过退市的命运。

审计意见与公司的上市地位直接相关，因此上市公司对审计报告出具的意见类型会倍感紧张。根据上市规则中关于财务类强制退市的规定，如上市公司最近一个会计年度的财务会计报告被出具无法表示意见或者否定意见的审计报告，公司股票将被实施退市风险警示。凡是涉及风险警示或者退市的事情都是大事，在本书后续章节中，我们会详细介绍哪些情形会导致上市公司被实施风险警示或者退市。

具体来讲，审计意见类型包括以下几种：

类型1. 标准的无保留意见

类型2. 带强调事项段的无保留意见

类型3. 带持续经营重大不确定性段落的无保留意见

类型4. 保留意见

类型5. 无法表示意见

类型6. 否定意见

类型1至类型3可统称为无保留意见,而无保留意见又可分为标准无保留意见(类型1)和带有解释性说明的无保留意见(类型2、3)。除标准的无保留意见以外,其余所有意见类型均被视为"非标意见"。

类型1标准的无保留意见意味着,年审会计师认为上市公司财务报表符合真实、准确、完整的相关要求,可以合理保证财务报表不存在重大错报。这个意见类型是对上市公司财务报表的最高评价,也说明中小投资者可以较为安心地分析和解读财务报表。

类型2带强调事项段的无保留意见意味着,年审会计师认为有必要提醒财务报表使用者(如中小投资者)关注已在报表中列报或披露的某些至关重要的事项。例如,当上市公司存在异常诉讼或已被监管机构立案调查但尚未出结果时,年审会计师往往会在审计报告中加上强调事项段以提醒使用者。值得指出的是,出现在强调事项段的事项一般都是已发生且已被披露出来的,而年审会计师出具带强调事项段的无保留意见,说明年审会计师对相关事项"心中有数",这些事项不会对无保留意见的意见类型有影响。所以,中小投资者在面对带强调事项段的无保留意见时,不必过于惊慌。

类型3带持续经营重大不确定性段落的无保留意见是一个比较有意思的意见类型。一方面,它反映出年审会计师对上市公司的持续经营能力存疑，即上市公司的经营存在一定的问题，未来有可能（一般来讲，可能性较小）面临破产清算的命运。但另一方面，年审会计师却又认为上市公司的财务报表不存在重大问题，至少财务报表真实体现了上市公司的财务状况。一般情况下，如果审计意见出现类型3且上市公司连续多年亏损，中小投资者需要格外关注上市公司是否可能面临被实施其他风险警示的情形，也要关注上市公司未来是不是真的存在破产清算的潜在风险。不过，毕竟类型3是无保留意见，因此，中小投资者可以不必过于惊慌。上市公司持续经营存在重大不确定性可以说是一件"见怪不怪"的事情，上市公司很可能因为行业判断失误、对外投资失利等导致公司经营存在困境。相较于大多数未上市公司，上市公司因其较大的体量、较高的融资水平，通常拥有较强的恢复能力。所以，即使持续经营存在重大不确定性，只要好好经营，上市公司消除这一不确定性的概率仍然不小，中小投资者仍然可以较为放心地使用年报来进行分析和解读。

一般来讲，类型4保留意见是一个不好的信号。类型4既不像类型1至类型3中上市公司的风险较为可控，也不像后续将提到的类型5、6中上市公司的风险已完全暴露出来。如果年审会计师在审计中发现一些可疑事项（如异常的关联方交易、无商业实质的交易等），这些事项虽然暂时不会对整体财务报表的真实性、准确性、完整性有严重影响，但经年审会计师审计后，这些事项仍存疑，年审会计师便会出具保留意见，并详细列明导致其出具该意见的事项。对于中小投资者来说，这些事项更像是"地雷"。有些导致保留意见的事项并不严重，很快就被消除了，但也有不少案例表明，一些导致保留意见的事项愈演愈烈，变成了"惊天大雷"，导致上市公司退市。例如，某上市公司2020年审计报告被出具保留意见，出具该意见的原因是上市公司与10余家单位发生多笔大额资金往来，其中相关款项以预付合同款支付，以合同终止退回。年审会计师表示，无法获取充分、适当的审计证据，以判断该部分预付款项的实际用途。紧接着，年审会计师又在2021年审计报告中出具了无法表示意见，出具该意见的原因除了上述预付款项的实际用途以外，又新增了多个可疑事项。最终，该上市公司2022年审计报告再次被出具无法表示意见，上市公司以退市收场。由此可见，中小投资者需要高度重视类型4保留意见，这一意见很有可能预示着上市公司存在不小的问题，很可能"暴雷"。

类型5为无法表示意见，而类型6则为否定意见。一旦年审会计师出具了无法表示意见和否定意见，就说明上市公司的财务状况、内部控制等方面已经存在非常严重的问题了，这也预示着中小投资者基本上可以不用对公司财务报表进行分析和解读了，毕竟这份财务报表连年审会计师都"看不下去"。无法表示意见意味着即使在年审会计师开展了审计工作后，上市公司财务报表中仍有不少尚未被发现的问题，这些问题对财务报表可能产生的影响重大且具有广泛性。否定意见意味着，年审会计师在经过审计后，认为上市公司的财务报表存在的问题太大，甚至可能会误导包含中小投资者在内的使用者。有必要说明的是，虽然无法表示意见和否定意见都表明上市公司存在非常严重的问题，但是一般来讲，否定意见的严重程度会比无法表示意见高很多。相较于无法表示意见，年审会计师出具否定意见的案例比较少，这是因为年审会计师出具否定意见意味着对上市公司财务报表公开、直接的否定，对于上市公司及年审会计师来说都是非常严重的事项，势必会引起监管机构、舆论媒体和众多投资者的关注和质疑。中小投资者应该特别关注否定意见类型，如果一家上市公司被出具了否定意见的审计报告，那该公司基本上就可以宣告退市了。

（二）财务报表

财务报表是财务报告的核心组成部分，体现了上市公司经营业绩的具体情况。尽管在年报的其他章节，如营业收入、净利润、经营性现金流量净额等一些重要的财务指标已经出现很多次了，但财务报表给中小投资者提供的是上市公司全面的财务指标，助力中小投资者更为细致地分析上市公司的运营状况。

财务报表的核心是"三大表"，即资产负债表、利润表和现金流量表。对财务报告的分析和解读也多聚焦在这三张表的财务指标上。值得指出的是，针对"三大表"，上市公司会披露合并口径和母公司口径的数据。一般来讲，中小投资者需要多关注合并口径的"三大表"，这是因为在合并口径下，上市公司的子公司经营数据会与母公司数据合并计算，这样可以更加准确地反映上市公司的整体运营状况、资产规模、资产增值等情况。

"三大表"中的第一张表是资产负债表。在前文，我们把一家公司的利润表比作一条长长的河流，上市公司的资产负债表就像是河流汇聚而成的湖泊，它记录了上市公司年复一年辛勤经营所累积的成果。资产负债表主要由三方面构成，分别是资产、负债以及所有者权益。在资产端，中小投资者可以关注货币资金、应收账款、存货、固定资产、商誉等财务指标。在负债端，可以关注应付账款、预收款项等。

第二张表是利润表，在前文，我们已多次提到了利润表的重要性。利润表体现了上市公司一整年的经营成果，其中重要的指标有营业收入、销售费用、管理费用、财务费用、信用减值损失、资产减值损失等。

针对现金流量表，中小投资者关注经营活动产生的现金流量净额即可。

实际上，上述很多指标在前文已有详细解释，它们都是年报分析的重中之重。如果中小投资者希望对财务报告中的指标进一步分析，则要仔细阅读财务报表的注释，因为注释所包含的内容要比财务报表本身更丰富。后续我们也会重点分析和解读财务报表的注释。

在前面的章节中，我们已经提到了现金流量比率、流量利息保障倍数、每股收益率等重要的财务比率。通过分析这些财务比率，中小投资者可以形成对上市公司财务状况的基本判断，有利于做出投资决策。这些财务比率是财务报告分析的核心，也是最佳的分析路径之一。下面，我们会从上市公司的盈利能力、短期债偿能力、长期偿债能力、营运能力这四个维度入手，继续介绍一些基于财务报表可轻易求出的财务比率。

1. 评估盈利能力的比率

营业净利率＝净利润／营业收入

净资产收益率＝净利润／期末净资产

盈利能力是分析上市公司财务报表的原点。可以说，一家公司的股价表现、风险大小都与其盈利能力直接相关，而只有具备较强盈利能力的公司才能在资本市场长久发展。评估盈利能力的比率很多，但是最著名的莫过于营业净利率和净资产收益率。

营业净利率反映了上市公司营业收入转化为净利润的能力。该比例越高，说明公司的获利能力越强。有相当一部分上市公司会存在营业收入非常高，但常年净利润很小甚至亏损的情形，这些都说明公司实际的获利能力欠佳，需要中小投资者关注此类公司的持续经营能力。

净资产收益率是另一个非常著名的指标，从股东投入资本的角度反映了公司所获报酬的水平。净资产收益率越高，一般表明上市公司对股东投入的利用效率越高，回报能力越强。实际上，净资产收益率最关键的还是其在杜邦财务分析体系中的作用。杜邦财务分析体系是一个系统性的财务分析框架，这个体系以净资产收益率为核心，通过公司盈利能力、营运周转能力、财务杠杆等维度，将净资产收益率拆解为多个比率。具体如下：

净资产收益率 = 营业净利率 * 总资产周转率 * 权益乘数 =（净利润 / 营业收入）*（营业收入 / 资产总额）*（资产总额 / 期末净资产）

在上面的公式中，营业净利率、总资产周转率、权益乘数这三个比率分别可用于评估上市公司盈利能力、营运周转能力、财务杠杆三个维度。通过杜邦财务分析体系，中小投资者可以对上市公司的财务健康状况、经营状况进行初步的系统性分析。

2. 评估上市公司短期偿债能力的比率

现金比率 = 货币资金 / 流动负债

速动比率 = 速动资产 / 流动负债

流动比率 = 流动资产 / 流动负债

现金流量比率 = 经营活动现金流量净额 / 流动负债

这几个比率都可以反映上市公司短时间内偿还债务的能力，比率越高，偿还能力越强。其中，货币资金、流动资产、流动负债等指标都可以在资产负债表中被直接找到，经营活动现金流量净额可以在现金流量表中被找到。速动资产是指流动资产中的一些较易变现的资产，主要包括货币资金、交易性金融资产、各种应收账款等。在现金、速动、流动这三个比率中，现金比率是最严格的比率，因为现金比率仅考虑上市公司用货币资金来偿还流动负债的情况，而流动比率最宽松，因为它假设上市公司可以动用整个流动资产来偿还流动债务。一般来讲，中小投资者可以考虑使用速动比率来评估短期偿债能力，因为上市公司很少会仅使用货币资金偿还债务，且存货、预付账款等非速动资产也很难在短期内被直接用于偿还债务。

3. 评估长期偿债能力指标的比率

资产负债率 = 总负债 / 总资产

长期资本负债率 = 非流动负债 /（非流动负债 + 股东权益）

现金流量负债比 = 经营活动现金流量净额 / 总负债

利息保障倍数 = 息税前利润 / 利息支出

流量利息保障倍数 = 经营现金流量净额 / 利息支出

其中，资产负债率、长期资本负债率、现金流量负债比主要用于评估公司的还本能力，而利息保障倍数和流量利息保障倍数用于评估公司的付息能力。总负债、总资产、非流动负债、股东权益等指标都可以在资产负债表中找到具体金额。资产负债率、长期资本负债率是较为复杂的比率，除了用于评估上市公司的长期偿债能力，也经常用于财务管理、资本结构分析等方面。简单来讲，这两个比率数值越高，上市公司存在的财务风险越大，越可能无法按时偿还债务。利息保障倍数和流量利息保障倍数已在前文详细介绍，这里不再赘述。

4. 评估营运能力的比率

应收账款周转率 = 营业收入 / 平均应收账款

存货周转率 = 营业成本 / 平均存货

营运能力相关比率主要用来评估上市公司的生产经营水平，体现了上市公司对应收账款、存货等各项资产的运用效率。一般来讲，周转率越高，说明上市公司的运行更有效率。其中，应收账款周转率直接关系到上市公司的现金流状况，如果周转率过低，可能说明公司有大量应收账款未及时收回，从而导致现金流紧张。存货周转率反映了上市公司存货的流动性，如果周转率过低，可能说明上市公司的产品销路不佳，甚至可能出现"滞销"。上述两个比例中的分母，即平均应收账款和平均存货，都可以通过财务报表中的期初和期末相应金额的平均数直接得出。

掌握一些基本的财务比率知识对提升投资决策和抵御风险的能力大有好处。中小投资者可以自己快速计算得出财务比率，从而大致了解上市公司的业绩、经营情况。但是，有必要指出的是，通过财务比率来分析上市公司存在局限性。

一是财务报表本身可能存在问题。由于财务比率的数据完全依赖于财务报表，如果财务报表本身就存在问题，那么财务比率也会"问题重重"。前文多次提到，上市公司很可能通过各种手段粉饰报表，甚至进行财务造假来提升自己的业绩。

二是运用财务比率可能不恰当。当运用财务比率时，中小投资者必然会将其与同行业其他上市公司或者公司自身的历史数据进行比较。但由于上市公司各自情况不一，涉及的具体行业、产品等也不尽相同，所以同行业的平均比率不一定有代表性或合理性。即使是用上市公司自身的历史数据做比较，也可能陷入"历史的骗局"，因为历史数据仅代表过去，不一定能预示未来，用历史数据来进行比较，也不一定合理。

● 财务报表的注释

财务报表的注释所包含的信息量要远远超过财务报表本身，事实上，这一块所包含的信息量与前文已详细介绍的管理层讨论和分析（通常处于年报的第三章节）不相上下。但是，相较于管理层讨论和分析，财务报表的注释因以数字表格形式为主，缺少文字性的分析和描述，往往容易被中小投资者忽略。下面，我们会挑选几个重要的财务报表注释内容进行分析和讲解。

（一）货币资金

"现金为王"是本书多次提到的概念，只要涉及现金，中小投资者就应该予以重视。货币资金是资产负债表中的第一个指标，主要包含上市公司的银行存款、现金等方面，是上市公司流动性最好的一块资产。一旦上市公司遇到重大不利事件，货币资金就是最好的抵御屏障。上市公司货币资金的金额大小至关重要，如果出现货币资金水平过低，就很可能出现流动性危机，对其正常生产经营、对外投资等活动造成非常严重的影响。例如，近期国内房地产企业就出现了流动性危机，导致很多公司贱卖资产、债务重整，甚至破产退市。

除了货币资金的金额大小，中小投资者需要关注两个方面：

一是货币资金是否存在因抵押或冻结等因素导致使用受限的情形。上市公司的货币资金不一定都具有流动性，上市公司可能会因为涉及诉讼、仲裁等情况，部分资金被暂时冻结。实际上，上市公司的货币资金被限制使用的情形不算少见，但关键是其被限制使用的原因，以及上市公司是否及时履行了信息披露义务。如果上市公司平时并未披露其涉及重大诉讼、仲裁或者抵押的情况，但在年报中却披露出有大额资金被限制使用，很有可能表明上市公司存在信息披露违规的情形，严重的还可能导致公司股票被实施风险警示。

二是存放在境外的资金金额和比例。相较境内资金来说，年审会计师审计核查公司境外资金真实性的难度更大，上市公司虚增境外资金的可能性也较大。如果上市公司境外资金非常多，但海外业务占比较低或者没有海外投资，则需要特别关注其境外资金的合理性，并保持警惕。

货币资金一直是监管机构、年审会计师的关注重点，也是上市公司财务造假的重灾区之一。例如，某上市公司在 2016 年、2017 年年报中，分别虚增货币资金 225.49 亿元、299.44 亿元，在 2018 年半年报中虚增 361.88 亿元，合计虚增金额高达 886 亿元。而虚增手法就是上市公司提前制作了虚假的银行对账单、银行询证函等文件。再如，一上市公司年报披露其银行账户上有 100 多亿现金，但却出现债务违约。经监管机构调查，发现其连续 4 年进行财务造假，100 多亿存款实际上不是真实的银行存款，最终公司被强制退市。

（二）应收账款及其他应收款

应收账款及其他应收款出现在资产负债表中。在上市公司经营中，一般会产生较大金额的应收账款及其他应收款，这主要是因为公司之间的交易可能存在赊销、赊购等信用交易，与日常生活中"一手交钱一手交货"的现金交易不同，这便使得上市公司可能出现"先发货，后拿钱"的情况，进而形成应收账款及其他应收款。然而，不是所有应收账款及其他应收款都能流入上市公司的账户，因为很可能发生交易对方没钱甚至"跑路"等情况，导致部分应收账款及其他应收款减值。上市公司有较大应收账款及其他应收款的金额是比较正常的，其具体构成、减值情况才是中小投资者需要极其重视的。

在注释中，上市公司会按照账龄、坏账计提方法详细披露构成情况。在账龄构成表中，可重点关注账龄过长（一般为1年以上，但不同行业可能有所不同）的应收账款及其他应收款的占比。账龄越长，交易对方还款的可能性越小。如果账龄长的相关款项占比过大，就说明上市公司催收欠款、资金回笼的能力较弱。

上市公司还可能存在故意催款不积极，向实际控制人输送利益的可能。中小投资者需要结合"按欠款方归集的期末余额前五名"情况，了解主要欠款方是否与公司的实际控制人等存在关联。

在坏账计提方法表中，上市公司会详细披露对应收账款及其他应收款计提的减值情况。这里面的关键是上市公司计提减值充不充分以及计提减值的原因。由于计提减值会直接对净利润产生负面影响，上市公司很可能存在少计提减值以粉饰利润表的情况。一般来讲，减值计提比率波动不会太大，中小投资者可以通过对比上市公司历史年度的计提比率，以及与同行业其他上市公司进行对比，分析其计提减值是否充分。

此外，上市公司会披露对部分客户应收账款计提减值的原因。如存在对某一客户计提大额减值但没有解释原因的情况，中小投资者应该重点关注，避免上市公司可能存在向相关客户输送利益的风险。

（三）预付款项

在上市公司采购货物、构建工程设备的过程中，很可能出现"先付款，后收货"的情形，这其实是一种垫资行为。与应收账款类似，中小投资者应该关注预付款项的账龄及交易对象。相较于应收账款长时间"挂账",预付款项账龄长更加可疑。因为在预付款项中,上市公司已将货款支付给交易方,但却长期不完成交易,相关款项不及时结算,这种情况下,相关交易的商业合理性就非常值得怀疑。

此外,结合"按预付对象归集的期末余额前五名"情况,中小投资者可以分析相关对象是否与上市公司实际控制人存在关联。如果上市公司存在预付款项账龄长且相关对象与公司实际控制人存在关联,那么上市公司存在虚构贸易、资金占用等违规行为的可能性较高,中小投资者务必格外小心。例如,某上市公司向一家有限公司预付定制产品费用,该有限公司按上市公司要求提供定制化产品。其后,该有限公司将定制款拆借给上市公司的控股股东并取得利息收入。后续监管机构发现,所谓的定制化产品其实并不存在,基本没有商业用途,实质上构成了公司控股股东对上市公司的资金占用。最后,监管机构对责任方进行了处罚。

(四)长期股权投资及商誉

长期股权投资和商誉两项都出现在资产负债表中。长期股权投资及商誉一直是会计学的重头戏,尤其因为这两项涉及个别报表和合并报表两个口径的转换,对于大多数人来说,这部分是非常复杂且难以理解的,本书也不会过多展开。

简单来说,长期股权投资主要产生于上市公司对外收购过程中,收购过来的资产形成了长期股权投资。在注释中,上市公司会详细披露长期股权投资的情况,包括是否追加或者减少投资、具体的金额、计提减值等情况。值得注意的是,计提减值会直接影响上市公司的净利润。如果长期股权投资计提了减值,则说明相关投资(一般是子公司)的经营效益不好。中小投资者可以结合年报中主要控股和参股公司的分析，进行进一步分析，重点关注相关投资是否有进一步减值的可能性。

除了长期股权投资本身的情况，中小投资者最需要关注的是与长期股权投资息息相关的商誉。商誉的产生，主要源于上市公司出于各种考量以溢价收购标的资产，使得收购价格远远大于标的资产的当前价值。根据会计准则，上市公司需将合并成本高于其购得标的资产的可辨认净资产公允价值的差额，确认为商誉。简单来说，商誉就是标的公司的估值与其当前价值的差额，是上市公司高溢价收购资产时产生的溢价部分。无论是投资者、监管机构还是舆论媒体，都会非常关注上市公司的商誉。

大额商誉就像是悬在上市公司头上的"达摩克利斯之剑"，会给上市公司的未来业绩带来较大的不确定性。A股上市公司发生"业绩暴雷"现象，很可能就是受到大额商誉减值的影响。一旦形成商誉的对应资产（一般为收购而来的子公司等）经营业绩下滑，就可能直接导致商誉大额减值，拖累上市公司本身的业绩。因此，中小投资者要格外注意上市公司的大额商誉问题，特别是减值的情况。例如，某上市公司曾因商誉问题导致业绩大幅亏损。2022年，该公司商誉高达130亿元。但是到了2023年，该公司却直接计提了高达90亿元的资产减值损失，其中商誉减值就超过了80亿元，直接导致该公司2023年业绩大亏。上市公司年报披露的营业收入为240亿元，净利润为62亿元。年报披露后，公司股价连续多天下跌。

正是因为商誉的重要性，监管机构对此方面的要求也非常高。一方面，监管机构会对可能形成大额商誉的交易进行重点关注和问询，要求上市公司充分披露交易中商誉的确认依据，以及对上市公司未来经营业绩的影响。通过上述方式，监管机构希望能尽量降低因交易产生大额商誉的风险。另一方面，上市公司会在每年度期末进行商誉减值测试。这种减值测试一般会充分关注宏观环境、行业趋势、标的公司的实际经营状况及未来的经营规划等，从而判断是否出现了商誉减值的迹象。如果有相关迹象出现，上市公司应该及时予以减值。这种方法可以避免商誉风险的积累，让风险尽量一点点释放，减少对上市公司的影响。

（五）在建工程

在建工程也存在于上市公司的资产负债表中，扮演着从在建状态向固定资产转化的中转角色。如果公司的工程项目开始建设，就会形成在建工程；等其完工建成后，就形成了固定资产。中小投资者应该重视在建工程项目，因为在建工程很可能成为上市公司粉饰报表的手段。

在会计学中，固定资产会被要求每年计提一定的折旧费用，这会直接对上市公司净利润产生不利影响。但是，由于在建工程仍在建设过程中，并不需要每年计提折旧，只需每年进行减值测试，只有当出现减值迹象时，才会计提减值。这时，上市公司很可能故意拖延在建工程进度，使其迟迟不转为固定资产，从而避免每年计提折旧费用。对此，中小投资者可以通过注释中的"工程累计投入占预算比例"和"工程进度"来判断上市公司是否存在延迟结转的情况。如果上市公司在建工程进度常年不变，距离完工永远处于"最后一公里"，那么上市公司就很可能存在操纵利润、粉饰报表的风险。例如，截至2023年年末，某上市公司在建工程金额高达1.3亿元，而其中某生产线项目连续三年（2021年至2023年）披露出的工程进度都为99.99%，最后的0.01%就是没法完工，着实让人疑惑。最后，上市公司被监管机构关注和问询。

（六）管理费用、销售费用、研发费用

这几个项目都出现在利润表中。在这些项目中，上市公司可能会披露各式各样的费用，如水电费、审计费、网络费等。中小投资者需要注意上市公司各项费用的合理性，警惕公司借各类费用的名义，给实际控制人及其关联方输送利益。

例如，某上市公司披露的年报显示，其研发费用较去年大幅增加，但实际上，公司研发人员规模、专利研发进展等情况都没有太大变化，这很可能表明其研发费用存在问题。

第三章 临时公告

INFORMATION DISCLOSURE

A 股 上 市 公 司 信 息 披 露 A B C

一年中，每家上市公司或多或少都会对外披露公告。上市公司的公告种类各式各样，背景情况也各不相同。一些公告属于强制性信息披露范畴，公告内容因具有重大性而必须按照相关规则向公众公开。还有一些公告属于自愿性信息披露，虽然内容不涉及重大信息，但上市公司仍以公告形式对外披露出来。

强制性信息披露可以分为定期报告及临时报告。我们在前面的章节中已具体讲述了定期报告的披露要求，其发布时间受到监管规则的严格限定，上市公司必须在规定时间内将定期报告披露出来。但是，上市公司很有可能遇到突发、紧急的事项。当有重大信息需要披露时，上市公司就需要披露临时报告（也可称为临时公告），向广大投资者揭示相关事项的内容并提示风险。

无论是强制性还是自愿性信息披露，也无论是定期报告还是临时公告，中小投资者都需要予以重视并进行深入分析。例如，即使是上市公司自愿披露出的小额投资公告，若涉及热门资产投资或新领域拓展，也很可能对公司股价造成非常大的影响。又如，虽然年报是最重要的公告之一，但是由于年报披露的滞后性，投资者可能已经通过前期业绩预告、研报分析等渠道对公司业绩有所预期，因此待年报披露时，公司股价可能并没有什么波动，甚至一点儿水花都没有。相较之下，临时报告由于时效性很强，可以及时反映上市公司、投资标的或相关股东等各方面的最新情况，可能对股价产生更直接的影响。

此外，由于上市公司披露临时公告的频率往往比定期报告高，临时公告实际上为中小投资者提供了更多有用的信息，也更能反映一家上市公司的信息披露水平及质量。鉴于此，我们将几类重要的临时公告按照重要性及披露频率进行分类，逐一分析和解读。

第一节 交易类公告

在上市公司披露的临时公告中,由于上市公司产品繁多,经营范围也比较广,交易类的公告成为最常见的公告类型之一。大致来讲,交易类公告主要包括以下交易事项:

(1)购买或出售资产;

(2)对外投资;

(3)提供财务资助;

(4)提供担保;

(5)租入或租出资产;

(6)签订管理方面的合同;

(7)赠予与受赠资产;

(8)债权或债务重组;

(9)放弃权利;

(10)其他交易事项。

● 交易类公告披露标准

一旦上市公司存在交易事项,如果该事项达到强制披露标准,上市公司则必须披露相关公告。即使未达到强制披露标准,上市公司也很有可能以自愿性信息披露的形式对外公告。表3-1是深市监管规则中对交易类事项强制披露的标准,重点关注了交易是否重大(即需要股东大会审议的事项,后续章节会详细阐述)、交易金额占比及交易的绝对金额等方面。

表 3-1　交易类事项强制披露标准

披露或审议标准	比例及绝对金额	
	一般交易	重大交易（股东大会审议）
资产总额	≥ 10%	≥ 50%
营业收入	≥ 10%，且 >1000 万元	≥ 50%，且 >5000 万元
净利润	≥ 10%，且 >100 万元	≥ 50%，且 >500 万元
成交金额	≥ 10%，且 >1000 万元	≥ 50%，且 >5000 万元
交易产生的利润	≥ 10%，且 >100 万元	≥ 50%，且 >500 万元
购买或出售资产	≥总资产30%	

监管规则之所以对上市公司的交易事项设置了如此明确的要求，是因为上市公司的交易事项与其经营业绩、未来发展息息相关。事实上，涉及强制性或自愿性信息披露的交易事项，都很有可能引发投资者的关注，并可能对公司股价造成较大影响。例如，某上市公司发布公告称，其签署了多份设备采购合同，客户将向公司采购多条生产线，采购总额超过公司年营业收入的 50%。该公告发出后的第二天，公司股价大涨近 16%。

然而，交易类公告也可能"暗藏玄机"。上市公司及相关方可能通过在重大合同、对外投资、受赠资产等交易类公告中夸大表述、隐瞒限制性条款等方式，故意炒作股价，吸引投资者买入，再趁机抛售，从而获取大额利益。鉴于此，中小投资者应对交易类公告内容进行仔细分析和阅读，关注里面是否有可疑之处。

● 关注交易标的

在交易类公告中，首先要弄清楚交易标的是什么。交易标的的种类五花八门，可以是股权、各类资产等，且针对不同标的，上市公司会披露出不同的信息。如交易标的为公司股权且交易金额达到一定标准时，上市公司将会披露相关交易标的的审计报告。如交易标的为除股权以外的非现金资产，当交易金额达到一定标准时，上市公司会披露相关的评估报告。此外，针对公司股权类交易标的，有部分上市公司为了进一步佐证本次交易金额的合理性和公允性，除了披露相关审计报告以外，还会额外披露评估报告。

对于中小投资者来说，上市公司随着交易类公告披露出来的审计报告和评估报告，无疑是获取交易信息的最佳途径之一。如果相关交易有审计报告和评估报告的支撑，那么相关交易的可靠性、公允性相对而言会更有保障。但是，由于只有当交易金额达到一定标准时，上市公司才会披露审计报告或评估报告，所以在大部分情况下，中小投资者获取交易信息的渠道主要还是依赖于公告内容本身。

在交易类公告中，最常见且最应该重视的交易标的类型应该是公司股权。在绝大部分情况下，买卖公司股权是一项非常正常的交易事项，不需要中小投资者过多关注。但是，在极少情况下，上市公司可能通过买卖公司股权向相关方输送利益。例如，上市公司可能以高价从大股东手中购入本不值钱的公司股权，严重损害中小投资者的权益。对此，中小投资者可以从股权标的公司的成立时间、注册资本、经营业务等情况入手进行分析。如果标的公司是刚成立的新公司，注册资本金额小，且没有开展实际经营业务，那么这项交易就很可能存在一定的问题。此时，中小投资者可以借助"外部力量"，如一些企业信用信息查询软件等，对标的公司进行更深入的分析，以判断相关交易是否公允。

● 关注交易对手

除了需要关注标的资产以外，交易对方的信息也同样重要。在交易类公告中，上市公司会披露出本次交易对方的具体信息，如名称、性质（自然人或公司等）、是否为上市公司关联方等。其中，最需要关注的就是与关联方之间的交易。简单来讲，上市公司关联方就是指与上市公司有关系的自然人、企业或者组织等，例如上市公司的实际控制人、董事、监事和高级管理人员等。

如果上市公司内部治理差、缺少有效的内部监督机制，实际控制人和董监高就很有可能掏空上市公司，一心谋取私利。例如，某上市公司披露公告称，拟通过现金方式购买某公司股权，本次交易作价9,000万元，支付资金来源为公司自有资金。公告显示，本次交易标的公司净资产仅900余万元，而收购价是标的公司净资产的10倍。更为重要的是，该标的公司的控股股东正是上市公司的实际控制人，这也导致这项交易引发了非常大的关注。市场媒体纷纷质疑该交易很可能存在向实际控制人输送利益的情况。在上市公司披露出该交易的公告后，投资者们也"用脚投票"，公司股价连续多日下跌。监管机构也及时问询公司，关注该交易价格的公允性和合理性。

由于与关联方交易的重要性，沪深交易所对关联交易设置了非常严格的披露标准，下面我们以深市创业板披露标准为例（见表3-2）：

表 3-2　深市创业板关联交易披露标准

类型	计算指标
披露标准	与关联自然人交易金额 >30 万元
	与关联法人（或者其他组织）交易金额 >300 万元，且占上市公司最近一期经审计净资产绝对值 >0.5%
股东大会审议标准	与关联人交易金额 >3000 万元，且占上市公司最近一期经审计净资产绝对值 >5%

相较于交易类事项所遵循的强制披露标准，关联交易的披露标准明显严格不少，这既体现了监管机构对关联交易的重视，也体现了关联交易的确较为容易产生损害上市公司利益的情况。若上市公司披露出来的交易类公告显示该交易构成了关联交易，那么中小投资者应该格外重视，特别需要关注交易标的是否与交易价格相匹配，以及上市公司是否存在"高买低卖"的情况，以避免相关交易损害自身的利益。

第二节　非交易类公告

上市公司发布的非交易类公告的种类非常多。在非交易类公告中，中小投资者通常可以了解到非常多有关上市公司自身经营情况的信息。下面我们会挑选几个常见的非交易类公告类型进行讲解，尤其是关于股票风险警示和退市相关公告，还请大家仔细阅读。

● 股票质押公告

　　股票质押是资本市场上一种较为常见的短期融资方式。当上市公司股东面临紧急的资金需求时,可以将其持有的上市公司股份质押给证券公司或其他机构,从而快速融入资金。这种方式类似于普通民众将自己的金银首饰、钻石戒指等财产典当给店铺以换取现金。

　　在合理范围内的股票质押有助于巩固上市公司股东的稳定性、积极性,促进上市公司健康发展。第一,股票质押相当于为上市公司股东,特别是大股东,拓宽了融资渠道。大股东如急需资金,可以以质押方式较为快速地融资,而不用通过二级市场减持等方式,从而减轻了对公司股价的影响。第二,由于股票质押并不影响股份的所有权,因此上市公司大股东即使存在股票质押,通常也不会影响其对上市公司的控制,从一定程度上巩固了上市公司控制权的稳定性。第三,大部分上市公司股东将股票质押后,所获得的资金如用于企业经营周转,可以缓解上市公司的资金压力。

　　然而,股票质押并不是越多越好,中小投资者务必要格外关注上市公司大股东的股票质押率。如果上市公司存在高比例的股票质押(一般80%为警戒线),则需要特别小心股票质押风险。高比例股票质押可能导致上市公司存在以下风险:

　　一是由平仓风险导致的恶性循环。在前文中,我们把股票质押比喻成在当铺典当财产。相较于金银首饰、钻石戒指等财产,上市股票具有非常强的流动性,其价格波动性较大,且实时价格非常透明。当上市公司股价大幅下滑时,质押出去的股票价值也会急剧缩水,这便导致持有质押股票的证券公司或其他机构会要求上市公司股东补充新增质押股票或者保证金。而如果上市公司大股东股票质押率过高，其持有的未被质押的股份数量非常有限，且资金也较为紧张时，一旦无法提供补充质押或者保证金，证券公司或其他机构便会强制将其持有的质押股票卖出，以保证自身资金安全。这种强制性抛售往往会导致上市公司股价的进一步下跌，甚至导致恐慌性抛售，从而产生"股价大幅下跌—强制平仓—股价进一步大幅下跌"的恶性循环，导致投资者损失惨重。

二是高比例质押与上市公司经营情况紧密相联。一方面，上市公司大股东的高比例质押往往体现其资金"捉襟见肘"，现金流动性较差。这时，上市公司大股东很可能铤而走险，采取大额资金占用、侵占上市公司资产等不当行为，严重影响上市公司的正常经营，使得上市公司的经营业绩下滑。另一方面，大股东的高比例质押情形较易出现于经营业绩较差的上市公司，这主要是由于一般经营业绩较差的公司资金较为紧张，需要大股东的"输血"。若上市公司经营非但没有好转，反而进一步恶化，很可能导致公司股价大幅下跌，产生平仓风险，又进一步加剧股价下跌。

由此可见，上市公司大股东的高比例质押风险具有显著的外溢性和传染性，证券公司或其他机构的强制平仓行为将对上市公司股价形成严重冲击。因此，中小投资者务必要高度关注质押风险，避免被卷入平仓风险的恶性循环中。

目前，监管机构高度重视股票质押风险的防控工作，要求上市公司及时披露股东股票质押的相关公告，并采取"分层监管"策略，设置差异化的信息披露要求。现有监管规则以质押比例50%和80%作为分层标准，不同质押比例披露的内容不同。质押比例超过50%的，在质押公告中除须披露质押数量、资金用途等基本信息外,还要披露还款资金来源、偿付能力,以及该质押行为对上市公司的影响;质押比例超过 80% 的,上市公司还需要在公告中进一步披露股东的详细资信情况、高比例质押的原因及必要性、拟采取的风险防范措施、与上市公司的资金往来等信息。

通过上述增强股票质押信息披露的举措,股票质押风险的透明度也提升不少,这非常有利于中小投资者及时了解上市公司股东的质押风险及后续可能对上市公司造成的影响。一旦上市公司披露了股票质押公告,中小投资者要特别留心公告中提及的大股东股票质押率、大股东自身的资金情况、是否存在较大的平仓风险、是否会影响上市公司的生产经营等信息,以判断上市公司是否存在质押风险,减少投资损失。

● 停复牌公告

当上市公司遇到特别重大事项,且该事项对公司股价会有非常大的影响时,为了"让子弹飞一会儿",让投资者有时间消化和了解相关事项,尽可能避免由信息不对称等因素导致的投资者恐慌或者过度投机行为,上市公司会选择发布停牌公告,公司股票可能因此暂停交易。当重大事项基本落地,投资者对相关事项已充分了解后,上市公司会及时披露复牌公告。由于停复牌公告所涉及的事项都非常可能对公司股价造成严重影响,直接关系到投资者的收益,因此停复牌公告经常让众多投资者忐忑不安,甚至是整夜失眠,停复牌公告的重要性不言而喻。

2015 年,中国 A 股市场遇到"跌停潮",沪深两市上市公司的股价持续下跌。有相当一部分的上市公司以各式各样的理由申请公司股票停牌，来避免股价持续下跌。然而，这种做法实际上剥夺了投资者买卖股票的权利，导致无数投资者无法及时交易股份，只能被迫与上市公司捆绑在一起。此外，还有部分上市公司的停牌时间长达数年之久，一直不复牌，导致公司股票丧失市场流动性，投资者的投资如同"石沉大海"。例如，2016年9月，某上市公司因重大资产重组事项停牌，投资者原本以为公司很快就会披露重组预案并复牌，但是在每月发布的停牌进展公告中，该公司都表示，由于重大资产重组涉及改革，交易结构较为复杂，且因方案需做调整和完善，需进一步论证。最终，在持续停牌4年多后，该公司才披露终止筹划重大资产重组的公告，于2020年11月复牌。

基于上述种种因素，为了避免上市公司停牌对投资者，特别是中小投资者产生严重影响，当前监管规则重点突出了以不停牌为主导的原则，并对停复牌事项有着具体且明确的规定。上市公司的停复牌情形可分为上市公司主动申请停复牌和因面临重大风险等被交易所要求停复牌两类。特别需要强调的是，无论是哪种停复牌情形，上市公司都会及时披露停复牌公告，向投资者提供停复牌的相关信息。

（一）上市公司主动申请停复牌情形

上市公司主动申请停复牌通常与筹划紧急重大事项有关，包括筹划重大资产重组、破产重整及上市公司控制权变更等事项。下面，我们将简要讲述主动申请停牌的一些基本规定。

1. 涉及筹划重大资产重组情形

对于上市公司来说，由于涉及重大资产的买卖，重大资产重组绝对是一件大事，往往也被市场视为利好信息。当上市公司要进行重大资产重组的消息被披露后，公司股价基本上都会迎来一波上涨。正是由于重大资产重组属于特别重大事项，且该事项对公司股价会有非常大的影响，当公司正筹划重大资产重组时，就有可能申请股票停牌，以避免股价大幅波动。

在重大资产重组中，上市公司可能以发行股份、发行可转债、现金支付等多种方式收购资产。通常来讲，通过发行股份或可转债的方式收购资产，相关交易涉及的金额往往比仅用现金收购的更高。此外，发行股份或可转债收购资产涉及新增股票、可转债等权益发行事宜，监管机构会更为谨慎。鉴于此，监管规则要求通过发行股份或可转债方式购买资产的重大资产重组，可根据实际需要自主决定是否申请停牌。若公司申请停牌，应在首次提交披露有关事项的同时申请停牌，停牌时间不超过10个交易日。对于极少数涉及特殊事项（如相关部门另有要求或属于国家重大战略项目）的交易，公司可以将停牌时间延至25个交易日。在停牌期限届满前，上市公司董事会须及时审议并披露重组预案或报告书，并申请复牌。如上市公司未能按期披露重组预案或者报告书，上市公司应当终止筹划本次重组并申请复牌，不得无故拖延，否则，证券交易所可对其采取强制复牌措施。

监管机构对上市公司停牌期限届满却不复牌的情况非常重视。例如，某上市公司于2018年8月23日上午开市起停牌，5天后，该公司披露了《发行股份购买资产并募集配套资金暨关联交易预案》，证券交易所也及时对该项交易进行了问询。然而，对于交易所的问询，公司却迟迟不答复，也不申请复牌。最后在交易所的多次督促下，该公司对交易所的问询函进行了答复，但却未申请公司股票复牌。最终，交易所决定对该上市公司实施强制复牌措施，公司股票复牌后，当天股价直接跌停。

对于通过现金方式收购资产的情况，由于其交易金额相对较小，且不涉及发行新股、可转债，上市公司不可以申请停牌，而是应分阶段披露相关交易的进展情况。鉴于重大资产重组对上市公司及投资者的重要性，在后续章节中我们会对此进行专门介绍。

2. 涉及破产重整及控制权变更等其他重大事项

除了重大资产重组以外，上市公司可申请停牌的其他重大事项主要包括破产重整及控制权变更。虽然这类重大事项对上市公司股价也可能造成较大的影响，但是相比重大资产重组，这类重大事项的影响力相对有限，停牌的必要性相对较低。监管规则对该类重大事项的停复牌申请持更为审慎的态度，主要体现在更短的停牌期限，甚至不予停牌等。

对于控制权变更，上市公司须分阶段披露筹划控制权变更的进展，申请停牌期限不超过2个交易日，确有必要的，才可将停牌时间延至5个交易日。

对于破产重整，监管规则明确指出，上市公司破产重整期间原则上不停牌。确需停牌的，公司可提出申请，披露停牌的具体事由、重整事项的进展和预计复牌时间等内容。与控制权变更类似，破产重整的停牌期限同样不得超过2个交易日，确有必要的，可延期至5个交易日。

（二）被交易所要求停复牌情形

除上述主动申请的情形外，上市公司还可能由于面临重大风险等情形而被证券交易所要求实施停复牌，主要包括违反规定且未在规定期限内改正，以及股票交易严重异常波动等情形。一旦上市公司被交易所强制要求停复牌，一般表明上市公司遇到了重大且偏负面的事件，投资者需要给予特别关注。

1. 违反规定且未在规定期限内改正情形

从当前 A 股市场的案例来看，涉及被交易所要求停复牌这一情形的上市公司主要集中于其无法在法定期限内披露定期报告。监管规则要求上市公司必须如期披露定期报告，如上市公司无法在规定期限内披露定期报告，或者虽披露但半数以上董事无法保证定期报告的真实性、准确性与完整性，交易所将于定期报告披露期限届满后次一交易日对该公司实施停牌。总体来讲，涉及这一情形的上市公司并不多，涉及的公司基本上都属于生产经营陷入困境、信息披露质量不佳。例如，某已被实施风险警示的上市公司披露公告称，因 2023 年年度报告及 2024 年第一季度报告所涉及的部分信息暂无法核实查清，公司无法在法定期限内披露 2023 年年度报告及 2024 年第一季度报告，因此公司股票于 2024 年 5 月 6 日开市起停牌。

2. 股票交易严重异常波动等情形

当上市公司股票交易或者公司生产经营遇到严重异常情况时，证券交易所也可能会对公司股票实施停牌措施。监管规则要求，当因新闻报道、传闻等因素导致公司股票发生重大异常波动（主板、创业板、科创板等各板块对重大异常波动的定义不同）时，监管机构可以对公司股票实施停牌措施，并要求公司进行核查。若经公司核查后依然无法对异常波动原因做出合理解释，证券交易所则会视情况对上市公司实施特别停牌措施。

一般来讲，考虑到停牌可能对投资者，特别是中小投资者造成严重影响，即使上市公司股票交易存在严重异常波动，证券交易所也较少会主动强制要求公司股票停牌，更多是以公开问询、要求公司加强信息披露管理等方式向市场提示风险。但是对于市场关注度很大、投机交易明显、股票交易明显严重异常的情况，证券交易所仍可能要求上市公司股票停牌。例如，某上市公司公告称，公司股票自2024年1月12日至1月22日连续七个交易日涨幅累计偏离110.78%。鉴于此，该公司股票自2024年1月24日开市起停牌，停牌时间不超5个交易日。此外，如上市公司触碰风险警示情形（后续会专门介绍），也会被交易所要求停牌一个交易日。

（三）中小投资者应对上市公司停复牌公告高度重视

停复牌对上市公司股票交易的影响是巨大的。一旦停牌，意味着投资者暂时无法进行该上市公司股票的买卖，只要不复牌，即使当上市公司遇到重大利好或者利空事件时，投资者也无法及时买入或者卖出。因此，目前的监管规则对停复牌的原则性要求成为"上市公司应当审慎停牌，以不停牌为原则，停牌为例外；短期停牌为原则，长期停牌为例外；间断性停牌为原则，连续性停牌为例外。不得随意停牌或者无故拖延复牌时间，并应采取有效措施防止出现长期停牌等情况"。

除了本书在前文已详细介绍的股票停复牌相关规则外，中小投资者还需要特别关注上市公司披露的停复牌公告，重点关注停复牌公告中披露出来的停牌原因、停牌期限、预计的复牌时间，以避免因信息不对称而错过交易机会或者股票复牌后却未能第一时间交易。

● 控制权变更公告

出于各种各样的原因，上市公司的实际控制人很可能发生变更，这时上市公司就要披露控制权变更的公告。上市公司发生控制权变更的情况还是比较多见的，特别是近些年有不少民营企业因经营不善被国资机构收购的案例，这就涉及控制权变更。控制权变更可能给上市公司带来新的气象，中小投资者往往期待上市公司控制权可以平稳移交给有实力且打算长期经营的机构或自然人，视控制权变更为一种偏向利好的消息，认为公司股价上涨的可能性较大。

但是，上市公司控制权变更是一项非常复杂且重大，透明度却又相对较低的事项，可能存在不少的风险。第一，控制权变更交易中涉及整个上市公司的控制权，交易合同非常冗杂烦琐，交易金额非常大，支付安排相对复杂。第二，控制权变更对上市公司未来发展经营的影响是巨大的。由于更换了实际控制人，上市公司的生产经营风格、投资理念等都可能发生巨大变化。第三，控制权的稳定性对上市公司至关重要，如果上市公司控制权频繁变更，无疑会严重影响管理团队及公司的经营业绩。鉴于上市公司控制权的复杂性，本书后续章节会详细介绍上市公司的第一大股东、实际控制人、控制权等问题。在这一节，我们主要讲述在控制权变更公告中有哪些重要的信息需要中小投资者关注。

（一）新实际控制人的信息

在控制权变更公告中，中小投资者最先应该了解的就是究竟新入主上市公司的是"何方神圣"，能不能带领上市公司发展壮大，走向新的辉煌。新实际控制人的性质、实力、行业经验在很大程度上决定了上市公司的未来发展。

在公告中，上市公司会披露新实际控制人的名称、性质（自然人/企业/政府）、经营范围、股权分布等详细信息。中小投资者可以从以下几方面入手分析新实际控制人：

1. 新实际控制人的性质

实际控制人的种类大致可分为自然人、法人和其他组织。如实际控制人为法人或其他组织，中小投资者应该关注其中是否有国资入股甚至控股的情况。

一方面，如一家公司的新实际控制人具有国资背景，往往意味着其资金实力、信息披露质量、合规意识等会相对较强，长期持有上市公司股权的意愿也可能相对较高。但是，需要注意的是，即使实际控制人具有国资背景，也并不代表着投资者的投资可以高枕无忧。实际上，国资上市公司被实施风险警示乃至退市的案例比比皆是。例如，某上市公司的实际控制人为当地政府机关，但却于2024年被监管机构发现上市公司涉嫌虚增、虚减营业收入，导致2016年至2022年年度报告存在虚假记载，连续数年财务造假，严重扰乱资本市场秩序，损害投资者利益。最终该公司迎来了退市的结局。

另一方面，对于非国资背景的自然人、法人等实际控制人，其优势往往在于行业判断及经营经验等方面。从境外成熟市场的经验来看，最具有发展创新潜力的上市公司还是以民营企业为主。目前，沪深两市已涌现出像宁德时代、美的集团、比亚迪等一大批优质的民营上市公司，这些优质的民营上市公司在国际市场上也展现出了巨大的影响力。

2. 新实际控制人的实力水平

实际控制人的实力水平从很大程度上决定了上市公司未来的发展前景，这个实力水平主要包括资金实力、从业经验、行业人脉、合规意识等多方面因素。上市公司公告中会详细披露新实际控制人的信息，包括其是否为失信被执行人、注册资金的金额、成立时间等。监管机构往往也会对新实际控制人的资产、是否有能力管理上市公司等进行重点问询。此外，中小投资者也可以通过互联网、专业软件（如企查查、天眼查等）等对新实际控制人进行详细了解，判断其是否有能力带领上市公司发展壮大。

（二）变更方式

在控制权变更中，原实际控制人可能通过各种途径转让控制权，主要包括直接股权协议转让、大宗交易转让、定向增发等股权转让途径，以及表决权委托和放弃等表决权变化途径。股权转让途径的特点是通过提高新实际控制人的持股比例，从而让其拿到上市公司的控制权。这种途径是市场上最常见、最传统的，但交易成本、时间成本等也会较高。

目前，市场关注较高的是表决权委托和放弃等表决权变化途径。不同于股权转让途径，表决权的委托和放弃不涉及任何股票所有权的转让，新老实际控制人的持股数量不会因为表决权的变化而增加或减少。之所以能在持股数量不变的情况下实现表决权的变化，是因为从法律角度来说，上市公司的股份中包含了表决权在内的多项权利（如知情权、分红权等）。在这种途径中，持股人仅放弃股份权利中的表决权，或者直接委托给新实际控制人，使新实际控制人得以通过表决权影响上市公司董事会、股东大会的决议，从而获得上市公司的控制权。值得再次强调的是，这种股份表决权的变化并不意味着股份所有权的变化，股份并没有发生转让，这也是为什么持股数量没有变化。

在当前的A股市场，表决权委托或者放弃的情形越来越多，这是因为这种途径对控制权变更中交易双方的吸引力很强。原因有以下几点：一是表决权委托或者放弃只需要双方签订协议合同即可达成，时间成本非常低。二是由于表决权委托或放弃不涉及股权转让或发行新股，交易成本也很低，新实际控制人以较少的费用就可以获得上市公司的控制权。三是上市公司原实际控制人的持股数量不受任何影响。

虽然表决权变化途径对新老实际控制人的吸引力很强，但对于投资者来说，这种途径实际上存在着不少隐患。一是表决权委托或放弃在法律上仍存在一定争议，特别是股票的表决权是否可以被单独委托或放弃、表决权委托合同的效力、委托是否可以被任意撤销等问题经常引起专业人士的议论，各地法院对上述问题的看法也不尽相同，这很可能为上市公司的控制权之争埋下隐患，影响上市公司的发展。二是表决权委托或放弃可能存在一方违约的风险，如果新老实际控制人未能履行其表决权委托或放弃协议，很可能导致表决权委托或放弃被撤销，从而使得上市公司的控制权在短时间内再次变更，折损上市公司的稳定性。

因此，如控制权转让交易中涉及表决权委托或放弃，中小投资者应当特别留意相关协议中是否明确约定表决权委托或放弃为不可撤销事项，是否明确约定了违约金或争端解决机制。

此外，在目前控制权转让交易中，交易双方很可能采用"部分股权转让+表决权委托/放弃"的形式。中小投资者要关注交易完成后，新实际控制人的实际持股数量和表决权比例是否足以支持其控制上市公司，是否与第二大股东的持股数量拉开差距，以保证上市公司控制权的稳定性。

（三）重要的条款

在控制权变更的公告中，上市公司会把交易合同、协议等文件同步披露出来，这些文件主要包含了控制权变更交易中交易各方约定的条款。这些条款一般会明确控制权变更的方式、支付安排、董事会席位等重要事项，同时，交易双方也可能在条款中对上市公司的经营业绩、交易竞争、发展规划等事项进行公开承诺。合理的条款设置对控制权变更交易的顺利推进、交易后公司控制权的稳定性等至关重要。在这里，我们会对几项重点条款进行讲解。

1. 款项支付安排

在控制权变更的交易中，对交易款项的支付时间、方式、救济机制等的具体安排十分重要。如果支付安排的设置不合理，有可能导致交易双方发生法律纠纷，影响控制权的稳定。更重要的是，某些支付安排可能存在"猫腻"，实际上损害了上市公司及中小投资者的利益。这便需要中小投资者格外关注条款中约定的支付安排，分析其是否可能存在问题。

例如，某上市公司披露的交易协议中设置如下支付条款：乙方（新实际控制人）应于本次交易取得交易所合规性确认之日起10个工作日内支付本次交易的第一期对价款一千万元，乙方应于标的股份交割后的30个工作日内支付本次交易的第二期对价款两千万元。乙方应于标的股份交割后的12个自然月内支付本次交易的剩余对价款（约九千万元）。该条款对支付节点、金额都做了细致且明确的安排，第一眼看起来不存在任何问题。但实际上，该条款是非常偏向乙方，即新实际控制人的。这项条款的关键问题在于第一期支付金额过少，新实际控制人仅支付了第一期对价款一千万元后，即可获得原实际控制人转让的股权。同时，第二期及以后的支付款项金额过大且支付期限过长，无疑给原实际控制人和上市公司带来了不小的风险。如果后续新实际控制人不愿或无法支付款项,很可能导致合同违约、控制权之争等争议诉讼事项,对上市公司造成严重的负面影响。

2. 公司董事会席位安排

在控制权变更交易中,交易双方通常会在合同条款中对董事会候选人人选、提名方式等进行具体的约定,这种约定主要是为了保证上市公司能够平稳交接给新实际控制人。

由于董事会的席位是取得上市公司控制权的决定性因素(关于董事会的作用,我们在后续章节中会详细介绍),交易双方在这一项的博弈会非常复杂。一方面,新实际控制人想尽快取得公司控制权。另一方面,公司原实际控制人可能出于各种目的延迟转让控制权。这种博弈可能导致交易双方陷入僵局,上市公司控制权无法平稳过渡,最后影响上市公司的经营和股价。

例如,某上市公司披露的公告显示,上市公司董事会设置7名董事(含3名独立董事)。交易双方约定,在合同签署后,新实际控制人可提名4名董事,其中1名为董事长。上市公司表示,通过这种方式,新实际控制人在获得相应股份前,就能够对公司董事会7个席位中的4个产生重大影响,从而立即取得公司控制权。然而,该条款存在的问题是没有措施可以保证新实际控制人提名的人员能顺利当选,如果最后其提名人员因其他股东反对、原实际控制人违约等被否决,那么新实际控制人就丧失了对上市公司的控制。

3. 公司经营安排

新实际控制人入主上市公司后,往往会大刀阔斧大干一场,做出一系列的生产经营、对外投资安排。一般来讲,很难去预估这些经营安排最后的效果究竟如何。有不少公司在迎来新实际控制人后业绩蒸蒸日上，彻底摆脱经营困境，但也有相当一部分的公司被新实际控制人拖入苦海，最后迎来退市的命运。

在控制权变更的交易合同中，新实际控制人可能会对上市公司未来的经营安排或者业绩做出承诺，中小投资者可以仔细研读相关条款，关注新实际控制人能给上市公司具体带来什么新的业务模式或者发展领域，并分析其合理性，从而保障自己的投资。

● 风险警示公告

风险警示公告是投资者最不愿意看到的公告之一。一旦上市公司披露了股票被实施风险警示的公告，就代表着公司在财务、合规或者经营上存在比较严重的问题。此时，投资者第一件需要做的事情就是仔细考虑是否还要再持有该公司的股票。

风险警示是监管机构为了向投资者提示风险而专门设置的一个标识。根据相关监管规则，当上市公司出现财务状况或者其他状况异常，导致其股票存在终止上市风险，或者投资者难以判断公司前景，其投资权益可能受到损害，或存在其他重大风险时，证券交易所将对该公司的股票实施退市风险警示或其他风险警示。

如公司股票被实施风险警示，其证券代码不会改变，但其股票简称会被冠上"*ST"或"ST"风险警示标识，分别对应着退市风险警示和其他风险警示。虽然这两种风险警示都代表着上市公司已经存在非常严重的风险，但是"ST"和"*ST"所体现的风险程度还是有所不同。一般来讲，退市风险警示（*ST）直接关系到公司股票的退市，因此其风险会比ST股票的风险大许多。

如上市公司预计可能被实施风险警示，其将披露的股票可能被实施退市/其他风险警示的提示性公告。在该提示性公告中，上市公司会说明其股票可能被实施哪种风险警示、具体原因以及预计被实施风险警示的时间。

当上市公司股票最后确定将被实施风险警示并披露了相关公告时，中小投资者需要仔细分析公告中披露出来的股票被实施风险警示的原因、股票如期"摘星摘帽"的可能性、是否会退市等方面。由于风险警示情形及相关规则较为复杂，很多投资者对这一部分不太了解，容易弄混退市风险警示和其他风险警示，甚至误认为一家公司被实施其他风险警示后就离退市不远了。下面，我们将详细介绍两种风险警示的区别以及需要关注的事项。

（一）其他风险警示（ST）

正如前文所述，相较于退市风险警示，其他风险警示的风险等级会相对较低，一般不会直接涉及公司股票退市。中小投资者也不必过于惊慌，可以仔细分析一下公司为什么会被实施其他风险警示、公司后续撤销风险警示（即"摘帽"）的可能性。

其他风险警示主要用于警示投资者，上市公司存在难以判断未来前景、投资权益可能受到损害的风险。当前，沪深交易所对公司股票需要被实施其他风险警示的情形做了明确的规定，主要有以下几个方面：

1. 现金分红不达标

2024年对于A股上市公司信息披露制度来说是非常重要的一年，特别是在上半年，监管机构出台了一系列强监管的政策。在这些规则中，对于分红不达标的股票被实施ST的新增规定格外引人关注。根据这些规则，若上市公司满足以下条件：最近一个会计年度净利润为正值,且合并报表、母公司报表年度末未分配利润均为正值(这些指标大多在本书的定期报告章节中有所提及),如存在最近三个会计年度累计现金分红金额低于最近三个会计年度年均净利润的30%,且最近三个会计年度累计现金分红金额低于一定标准(主板为5,000万元,科创板和创业板为3,000万元),则该上市公司股票将被实施其他风险警示。

该项规定的出台主要是为了鼓励上市公司进行现金分红,提高投资者的回报率,重点针对的是有能力分红但长期不分红或者分红少的"铁公鸡"公司。如果上市公司仅因触碰该情形而被实施其他风险警示,那么中小投资者不用过于担心。因为上市公司撤销该情形导致的其他风险警示相对容易,只要其能够按照要求进行现金分红,如期"摘帽"的可能性极大。其次,仅触碰该类型的公司虽然属于"铁公鸡"类型,但是毕竟其生产经营、内部控制等方面没有出现严重异常,投资风险仍然在可控范围内。当然,如果中小投资者比较在意上市公司的分红回报率,那么还是应该远离这种"铁公鸡"型上市公司。

2. 轻微的财务造假

除了分红不达标会被实施ST以外,对涉及轻微财务造假的上市公司股票实施ST也是监管机构2024年新增的规定。根据监管规则,如中国证监会行政处罚事先告知书载明的事实显示,公司披露的年度报告财务指标存在虚假记载,但并未触及直接退市情形的(后续会详细讲解),公司股票将被实施其他风险警示。

无论金额多少、时间长短,只要上市公司涉及财务造假,一经证监会查处,那么,其股票最轻也会被实施ST。对于涉及财务造假的

"烂公司"来说，这条规定的杀伤力是巨大的，彰显了监管机构对于财务造假"零容忍"的态度，也说明了财务造假对A股市场的危害有多严重！

值得说明的是，如上市公司因触碰此情形被实施其他风险警示，其股票是否能够如期"摘帽"存在一定的不确定性，而且需要等待的时间也较长。根据监管规则，只有当公司完成了处罚事项的追溯调整，且在行政处罚决定做出满一年后，公司才能申请"摘帽"。也就是说，上市公司的股票至少在一年内都会被戴上ST的"帽子"。

本书多次强调，财务造假是上市公司最严重的违规行为之一，其代表着上市公司的经营业绩、内部治理等方面存在严重问题，实控人、董监高等各方都没有履职尽责。虽然上市公司股票不会因轻微财务造假而被直接退市，但财务造假的行为必须得到投资者的重视，投资者应该仔细考虑自己是否继续投资有财务造假前科的上市公司。

3. 内控失效

如上市公司内部控制失效，其股票也很有可能被实施ST。这类内部失控情形代表着上市公司的正常运转受到了严重影响，虽然还没有到股票退市的地步，但已经迫切需要通过实施ST来向投资者发出警示。监管规则中主要列举了以下情形：

（1）存在资金占用且情形严重；

（2）违反规定程序对外提供担保且情形严重；

（3）董事会、股东大会无法正常召开会议并形成决议；

（4）最近一个会计年度财务报告内部控制被出具无法表示意见或者否定意见的审计报告，或者未按照规定披露财务报告内部控制审计报告。

目前来讲，上市公司因上述情形被实施 ST 的案例不算太多，即使发生了上述内控失效情形，公司一般也会尽快解决相关问题，以避免被实施 ST。如上市公司因内控失效被实施 ST，中小投资者倒也不用过于惊慌。只要上市公司尽快解决上述事项，顺利"摘帽"的可能性还是比较大的。

值得注意的是，内部控制直接关乎上市公司的公司治理、信息披露质量等重要方面，因此，内控失效有可能表明公司存在更大的问题。例如，2023 年某上市公司因被会计师事务所出具否定意见的《内部控制审计报告》而被实施其他风险警示。随后，该公司多次因信息披露违规被监管机构严厉处罚，市场舆论多次质疑该公司内部管理及信息披露异常混乱。最后，由于股价长期低于 1 元，该公司迎来了退市的命运。

4.经营存在风险

如上市公司的生产经营存在一定风险，公司股票也很有可能被实施 ST，具体有以下情形：

（1）生产经营活动受到严重影响且预计在三个月内不能恢复正常；

（2）主要银行账号被冻结；

（3）最近三个会计年度扣除非经常性损益前后净利润孰低者均为负值，且最近一个会计年度审计报告显示公司持续经营能力存在不确定性。

在上述情形中，上市公司最有可能触碰的情形是第三项，即三年连续亏损且持续经营能力存疑。每年年报披露后，有相当多的公司因触碰该情形而被"戴帽"。例如，某公司在披露年报的当天披露了

《关于实施其他风险警示的公告》,指出因公司最近连续三个会计年度扣除非经常性损益前后净利润均为负值,且会计师事务所对公司的财务报告出具了带与持续经营相关的重大不确定性强调事项段的无保留意见类型的审计报告,公司股票被实施其他风险警示。

值得注意的是,如上市公司仅仅是多年亏损,但审计报告中没有出现公司持续经营相关的重大不确定性的表述,那么,该公司股票并不会被实施ST。在对上市公司进行审计时,年审会计师会综合评估公司的生产经营、资金实力、发展前景等多方面。因此,公司连续多年亏损并不一定意味着其持续经营能力存疑,也不一定就会被实施ST。

即使公司股票由于触碰第三项情形被"戴帽",中小投资者也不用过分担心。只要公司在下一年年报中扭亏为盈,或者在审计报告中消除了对公司持续经营能力不确定性的表述,公司股票顺利"摘帽"的可能性非常大。实际上,每年也有相当多成功"摘帽"的案例。

目前,上市公司因生产经营受到严重影响或主要银行账户被冻结这两种情形而被实施ST的案例还比较少。即使因相关情形被"戴帽",相当一部分的公司也能够解决相关风险,顺利"摘帽"。例如,某上市公司发布公告称,鉴于公司美国数据中心租赁业务已与客户终止合作,并在合同终止的三个月内尚未恢复正常,且公司预计该业务在未来三个月内仍难以恢复,公司股票触及其他风险警示情形。随后,公司通过扩展新业务和发掘新客户,积极自救,生产经营活动恢复正常,公司股票也成功"摘帽"。

不过,需要特别强调的是,相较于其他导致ST的情形,生产经营受到严重影响和主要银行账户被冻结这两项很可能具有突发性。在公司看似运转正常的情况下,其主要客户或供应商可能突然解除合同,其主要银行账号也可能因案件、诉讼等被冻结,使得投资者措手不及。因此,投资者需要时刻关注公司客户及供应商是否过于集中,以及案件和诉讼是否可能对公司产生重大影响等方面(这些内容在定期报告章节中有重点讲述),以保护自己的投资利益。

(二)退市风险警示(*ST)

不同于其他风险警示(ST),退市风险警示与公司股票退市风险直接相关。如果公司披露公告称,其股票将被实施*ST,或者说"披星",那么该公司股票距离退市就是一步之遥了,退市的可能性相当大。对于中小投资者来说,被实施*ST的公司股票风险系数太高,投资风险巨大,一旦公司股票最后真的迎来退市,那么投资将几乎"血本无归"。

当前,监管机构对公司股票退市高度重视。为了尽可能避免上市公司"钻空子",规避退市,监管规则明确了非常严格的强制退市情形标准。具体来看,沪深交易所设置了交易类强制退市、财务类强制退市、规范类强制退市及重大违法类强制退市等四大类型,并设置了相应的退市指标。

其中,若上市公司出现财务类、规范类强制退市情形,交易所会先对其股票交易实施退市风险警示。若在一定期限内仍未改正或者再次发生同类情形,交易所才会终止其上市(即"间接退市情形")。而对于出现交易类强制退市、重大违法强制退市情形,上市公司的股票将立即终止上市(即"直接退市情形")。从监管规则的设置可以看出,上市公司如出现财务类或者规范类退市情形,公司股票会先被实施*ST,公司还有一定时间来补救,但如果补救不成功,那么其股票就会被直接退市。下面,我们将详细介绍上市公司的股票被实施退市风险警示的具体情形和对应指标。

1. 财务类退市风险警示

上市公司因触及财务类退市风险警示情形而被实施*ST，应该是当前A股市场最常见的情形了。监管机构设置财务类的退市风险警示，就是为了加速清理经营不善、常年亏损的上市公司，避免这些公司占用资本市场资源却无法产出相应的价值。

每年一到"年报季"，就会有相当一部分公司因为经营业绩不达标而披露其股票将被实施*ST的公告，投资者也会相当紧张，担心自己持有的公司股票被实施了*ST。如果上市公司确实有可能触碰财务类退市风险警示，那么，一般情况下，其会在业绩预告公告中明确提示相关风险，这时投资者应该多加关注。

当前，沪深交易所针对财务类退市风险警示情形，从营业收入、净利润、净资产、审计报告意见类型等方面设置了具体的指标。如上市公司触碰到了以下任一指标，其股票将被实施*ST：

（1）最近一个会计年度经审计的利润总额、净利润、扣除非经常性损益后的净利润三者孰低为负值，且扣除后的营业收入低于3亿元（主板标准，创业板、科创板为1亿元）；

（2）最近一个会计年度经审计的期末净资产为负值，或者追溯重述后最近一个会计年度期末净资产为负值；

（3）最近一个会计年度的财务会计报告被出具无法表示意见或者否定意见的审计报告；

（4）中国证监会行政处罚决定书表明，公司已披露的最近一个会计年度财务报告存在虚假记载、误导性陈述或者重大遗漏，导致该年度相关财务指标实际已触及上述第1项、第2项情形。

在上述指标中，投资者最需要重视的是指标1，即"利润+收入"指标，该指标是上市公司最容易触及的退市风险警示指标。因此，在本书的定期报告章节中，我们会花费比较大的篇幅介绍年报披露的营业收入和利润。上市公司的营业收入和利润与公司股票退市直接相关，这也导致部分公司会"钻空子"，故意突击确认收入，从而规避退市风险。对此，监管规则明确指出，"利润+收入"指标中的营业收入需要扣除与主营业务无关和不具备商业实质的收入（简称"扣除后营业收入"）。这意味着，即便部分上市公司的营业收入超过了1亿元，若其扣除后营业收入低于1亿元，仍会被实施*ST。

例如，某上市公司一直处于主营业务不清晰、持续经营能力不强的状态。2021年5月，该公司新设子公司，开展新业务。公司2021年年报显示，该公司2021年实现营收1.33亿元，其中由子公司开展的新业务产生营收1.25亿元。初看之下，该公司的营业收入大于1亿元，没有被实施退市风险警示的危险。但是，这种紧急新设子公司的行为一般会被认为是"突击确认收入"，相关收入大概率会被扣除。最后，该公司新业务带来的1.25亿元营业收入并没有得到会计师事务所的认可。在营业收入扣除专项审核意见中，会计师以"难以形成稳定业务模式"为由扣除该笔营业收入。最终，由于扣除后营业收入低于1亿元，该公司被实施*ST。

需要提示中小投资者的是，一旦公司披露了年报，其是否被实施*ST就基本上是"板上钉钉"了。因此，中小投资者可以提前关注上市公司的三季报，如上市公司前三季度的净利润为亏损且其营业收入已明显不可能达到1亿元（对于创业板、科创板）/3亿元（对于主板）的门槛，公司股票被实施*ST的可能性就非常大了。即使上市公司在第四季度突击确认收入，使得其收入超过1亿元/3亿元，这些收入也很有可能被从营业收入中扣除，最后导致该公司仍然被实施*ST。

除了"利润+收入"指标外，指标3"审计报告意见类型"也属于上市公司比较容易触及的指标，而且这一指标很可能引起上市公司与会计师事务所的纷争。年审会计师出具的审计报告意见类型将直接决定上市公司股票是否被实施*ST，而上市公司很可能以各种理由认为会计师不应该出具无法表示意见或者否定意见的审计报告，部分上市公司甚至因此与会计师事务所对簿公堂。

年审会计师工作的原则是独立出具审计报告，发表其专业性意见。审计报告意见类型是十分严肃且谨慎的事项。一旦披露出来的审计报告意见类型为无法表示意见或否定意见，那么公司股票基本上就会被实施*ST，中小投资者不用对年审会计师会修改其审计意见类型抱有希望。

2. 规范类退市风险警示

上市公司规范运作的重要性不言而喻，本书已多次强调了公司治理、内部控制的重要性。只有确保上市公司规范运作，才能保护包括中小投资者在内的广大股民的投资利益，才能减少财务造假、大股东资金占用等违法违规行为的发生。因此，对于上市公司在公司治理、内部控制等方面存在严重异常的，沪深交易所设置了非常明确的指标，如上市公司存在以下情形的，其股票将被实施*ST：

（1）未在法定期限内披露年度报告或者半年度报告，且在公司股票停牌两个月内仍未披露；

（2）半数以上董事无法保证年度报告或者半年度报告真实、准确、完整，且在法定期限届满前仍有半数以上董事无法保证，公司股票及其衍生品种自定期报告披露期限届满的下一交易日起停牌，此后公司在股票及其衍生品种停牌两个月内仍未改正；

（3）因财务会计报告存在重大会计差错或者虚假记载，被中国证监会责令改正，但公司未在要求期限内完成整改，公司股票及其衍生品种自要求期限届满的下一交易日起停牌，此后公司在股票及其衍生品种停牌两个月内仍未完成整改；

（4）因信息披露或者规范运作等方面存在重大缺陷，被交易所要求改正，但公司未在要求期限内完成整改，公司股票及其衍生品种自要求期限届满的下一交易日起停牌，此后公司在股票及其衍生品种停牌两个月内仍未完成整改；

（5）公司被控股股东（无控股股东，则为第一大股东）或者控股股东关联人非经营性占用资金的余额超过两亿元，或者占公司最近一期经审计净资产绝对值的30%以上，被中国证监会责令改正但未在要求期限内完成整改，且在公司股票停牌两个月内仍未完成整改；

（6）连续两个会计年度财务报告内部控制被出具无法表示意见或者否定意见的审计报告，或者未按照规定披露财务报告内部控制审计报告；

（7）因公司股本总额或者股权分布发生变化，导致连续20个交易日股本总额、股权分布不再具备上市条件，在规定期限内仍未解决；

（8）公司被依法强制解散，或者法院依法受理公司的重整、和解或者破产清算申请，且公司未按规定要求予以解决。

从沪深交易所设置的指标可以看出，只有当公司出现严重异常的规范类问题时，其股票才会被实施*ST。这体现了退市风险警示与其他风险警示的风险程度不同。例如，根据监管规则，如果上市公司最近一个会计年度的财务报告内部控制被出具无法表示意见的审计报告，其股票就将被实施ST，而如果在下一年度，公司内控再次被出具无法表示意见的审计报告，其股票就会被实施*ST。

相较于财务类情形，因规范类情形被实施退市风险警示的案例会少一点。然而，值得注意的是，公司因规范类情形被实施*ST是非常吸引眼球的事情，很容易引发监管机构、市场媒体的关注，对上市公司及其股价产生巨大影响。例如，某上市公司公告称，原定于2024年4月30日披露2023年年度报告和2024年第一季度报告，因部分信息暂无法核实查清，导致公司未在法定期限内披露这两份报告。在披露公告后不久，该公司就因涉嫌未按时披露年度报告等违反信息披露规定的行为，收到了监管机构对其的立案通知书。

无论公司股票是因财务类情形还是规范类情形而被实施*ST，对于中小投资者来说，都是一件极其重大且"利空"的事情。根据监管规则，公司股票被实施*ST后，在符合一定条件下，上市公司可以申请撤销*ST（又称"摘星"）。对于因触及财务类情形而被实施*ST的，只要上市公司下一年的年报没有再次触及相关指标，例如下一年营业收入大于3亿元/1亿元，且净资产为正等，就可以申请撤销*ST。也就是说，在一般情况下，公司股票因财务类情形而被实施*ST的期限至少为一年。要等到下一年年报披露时，投资者才能知道公司股票是否有被撤销*ST的机会。对于因规范类情形而被实施*ST的，上市公司申请撤销风险警示的条件就比较复杂了。在大部分情形下，公司股票被*ST后，在一定期限内（一般为*ST后两个月）解决问题的，上市公司才能申请撤销*ST，如未能解决问题，公司股票将退市。例如，上市公司因未在法定期限内披露年报而被停牌两个月，且在此期间仍未披露年报，其股票会被实施*ST。如公司在被*ST后的两个月内披露出了年报，则其可以申请撤销*ST，如仍未披露出年报，则将直接被退市。由此可见，规范类情形对上市公司解决问题的时间要求很高，公司必须在一定期限内大幅提升其规范运作的水平和质量。

必须强调的是，鉴于退市风险警示的严重性和严肃性，监管机构对于撤销*ST的申请极其谨慎，公司股票不一定能够成功"摘星"。如果不能成功"摘星"，公司股票就会被退市。相较之下，公司股票成功撤销其他风险警示的可能性较大，而且即使没有撤销成功，公司股票也不会被退市。所以，不管是对于上市公司还是投资者来说，上市公司股票被*ST都是一个极为重要且风险极高的事件，必须引起高度重视。

● 退市公告

当一家公司股票面临退市时，上市公司会披露退市公告。一般来说，对于上市公司本身、公司董监高，以及包括中小投资者在内的公司股东等各方来说，公司股票退市是最让人悲伤也是最不愿意看到的事情。一旦退市公告披露出来，公司股票就正式步入了退市摘牌的轨道。

上市公司股票退市是一项极其复杂、烦琐且备受关注的事项，也是A股市场信息披露制度的一大核心内容。自沪深交易所开市以来，A股的退市机制不断完善，信息披露的要求也不断变化。2001年，随着A股资本市场首家退市公司PT水仙的出现，A股的退市机制正式执行，并初步形成了以净利润为核心的退市标准，明确了风险警示、暂停上市、终止上市等主要环节的信息披露要求。2011年，财务退市指标得以完善，面值退市指标首次被推出。2014年和2018年又经历了两轮改革，主动退市、重大违法退市等制度相继问世。2020年，在新《证券法》出台的背景下，退市机制得以进一步完善，确立了交易类、财务类、规范类、重大违法类等四大强制退市体系。2024年，监管机构出台了一系列强监管的政策，旨在进一步打击财务造假、内控失效等乱象。监管机构对退市机制又进行了重大调整，新增一年严重造假、连续三年及以上连续造假的情形，新增资金占用及内部控制被出具无法表示意见或否定意见等，进一步收紧退市指标。

（一）股票退市的概念

本书已多次提到了公司股票退市，并多次强调投资者应该以风险为导向，把"防风险"作为投资过程中的主要目标，并要特别重视公司股票的退市风险。退市风险，可简单理解为公司股票退市的概率。退市风险与公司股票价格直接相关，从某种程度上来说，退市风险的大小决定了股票价格。一方面，如果公司经营业绩差，内部治理混乱，其退市概率就自然会变大，投资者由于担心该公司股票最后被退市，便倾向于卖出持有的股票，从而导致公司股价大概率下跌。另一方面，若公司经营业绩极好，运作规范，其退市概率自然很小，便很可能吸引投资者买入，股价也会大概率上涨。

一般来讲，股票退市是指上市公司的股票从证券交易所摘牌，不再进行公开交易。需要强调的是，公司股票退市并不影响公司的性质，也不一定意味着公司破产清算、注销消失等。股票退市后，公司仍为股份有限公司，其股份仍可以在非公开市场交易（就如同普通股份有限公司一样）。

股票退市主要改变的是公司股票交易转让的方式。在退市前，公司股票可以在公开市场（如沪深交易所）买卖。公开市场投资者众多，交易非常活跃。一旦股票退市，相关股份就只能在非公开市场交易，股份交易往往异常烦琐和困难，使得相关股份的流通性大大降低，股份的价值也会大幅缩水。毕竟，谁会想要一份无法公开交易、难以买卖的股份呢？

值得注意的是，我国资本市场具有多层次的特点，当沪深两市的上市公司股票退市后，相关公司股票仍可以在北交所旗下的股份转让系统挂牌（即"三板"）转让。也就是说，沪深两市股票退市后实际上仍可以公开交易。不过，由于公司股票退市往往代表着公司盈利能力、内部治理等水平低下，而且"三板"的交易量、参与的投资者都非常少，已退市股票的流动性基本丧失，股票价值相当低。

（二）主动退市情形

上市公司股票退市可以分为主动退市和被动退市两种情形。主动退市通常是基于公司自身战略调整的考虑，如公司私有化、并购重组等，公司会主动向证券交易所申请股票退市。被动退市则是因为公司触及了证券交易所设定的退市标准，如财务问题、经营问题、信息披露违规等，其股票被证券交易所强制退市。

当前，监管规则对主动退市设置了以下指标，上市公司若存在以下情形，可以申请主动退市：

（1）公司股东大会决议主动撤回其股票在交易所的上市交易，并决定不再在交易所交易；

（2）公司股东大会决议主动撤回其股票在交易所的上市交易，并转而申请在其他交易场所交易或者转让；

（3）公司股东大会决议解散；

(4)公司因新设合并或者吸收合并,不再具有独立主体资格并被注销;

(5)公司以终止公司股票上市为目的,向公司所有股东发出回购全部股份或者部分股份的要约,导致公司股本总额、股权分布等发生变化,不再具备上市条件;

(6)公司股东以终止公司股票上市为目的,向公司所有其他股东发出收购全部股份或者部分股份的要约,导致公司股本总额、股权分布等发生变化,不再具备上市条件;

(7)公司股东以外的其他收购人以终止公司股票上市为目的,向公司所有股东发出收购全部股份或者部分股份的要约,导致公司股本总额、股权分布等发生变化,不再具备上市条件;

(8)其他主动终止上市的情形。

目前,A股上市公司股票主动退市的案例极少。毕竟,谁会轻易扔掉"上市公司"这顶帽子呢?上市公司申请股票主动退市,对于中小投资者来说,倒也不能算是坏事。这是因为主动退市需要设立现金选择权,即让有异议的股东通过行使现金选择权而退出,并且为了顺利主动退市,现金选择权的价格往往会高于公司当前的股价。

例如,某上市公司披露公告称,由于市场变化,公司经营面临重大不确定性,可能会对公司造成重大影响。为保护中小股东的利益,经公司股东提议并经公司董事会审议通过,公司拟以股东大会决议的方式主动撤回A股股票在交易所的上市交易,并转而申请在全国中小企业股份转让系统进行转让。公告中显示,该公司的现金选择权行使价格为9.24元/股,较方案推出时的市场价溢价14.78%。最后,该退市方案在股东大会上顺利通过,该公司成功退市。

主动退市的案例不多，最主要的原因还是现金选择权的问题。对于上市公司而言，现金选择权所需的巨额资金成了一个巨大的难题。由于主动退市的案例过少，且对中小投资者的影响不算太大，在这里我们便不做过多介绍。

（三）强制退市情形

毫无疑问，强制退市绝对是 A 股上市公司股票退市制度的核心，也是 A 股市场最常见的退市情形。

具体来看，强制退市包括交易类强制退市、重大违法强制退市、财务类强制退市、规范类强制退市等四大类别。其中，交易类强制退市和重大违法强制退市两类情形属于一旦上市公司发生该情形，交易所就将立即终止其上市的"直接退市情形"；财务类强制退市和规范类强制退市两类情形属于上市公司发生该情形后，交易所对其股票交易实施退市风险警示（*ST），若在一定期限内仍未改正或者再次发生的，交易所才终止其上市的"间接退市情形"。下面，我们将展开讲解强制退市的具体标准。

1. 交易类强制退市情形

该情形属于"直接退市情形"，即公司一旦触及相关退市指标，股票就会立刻被强制退市，不会被实施退市风险警示。目前，监管规则主要从收盘价、总市值、成交量、股东人数等四个方面，对交易类退市情形设置了具体指标。由于沪深交易各板块对交易类强制退市情形的具体指标有较大的不同，本文以创业板的相关规则为例，供大家参考。

如创业板上市公司出现下列情形之一的，深交所决定终止其股票上市交易：

（1）连续 20 个交易日通过本所交易系统实现的股票累计成交量均低于 200 万股；

（2）连续 20 个交易日的股票收盘价均低于 1 元；

（3）连续 20 个交易日的股票收盘市值均低于 3 亿元；

（4）连续 20 个交易日的公司股东人数均少于 400 人。

从当前市场案例来看，因触及交易类情形而被强制退市的公司股票数量逐渐增多，其中涉及面值退市（即股价连续 20 个交易日低于 1 元）的上市公司占据了绝大部分。对于不少上市公司来讲，股价"1元线"甚至比营业收入"1 亿元线 /3 亿元线"还要重要。不少上市公司在股价持续低迷，徘徊在"1 元线"的时候会推出公司回购、大股东增持等利好性公告，希望公司股价能够避免被强制退市，不过相关公告的效果往往难以预料。

中小投资者需要格外关注交易类退市情形，特别是面值退市。面值退市属于直接退市情形，公司股票不会被实施 *ST。而且由于在交易类退市情形中，监管规则并没有设置退市整理期（只有主动退市与交易类退市没有设置退市整理期）。所以，一旦公司股票连续 20 个交易日低于 1 元钱，公司股票就会直接被退市。

例如，某上市公司股票在 2024 年 4 月 15 日至 2024 年 5 月 16 日期间，连续 20 个交易日的每日收盘价均低于 1 元，触及面值退市情形。公司股票于 5 月 17 日开市起停牌，并最终在 7 月 5 日收到了交易所出具的股票终止上市决定。由于不设置退市整理期，2024 年 5 月 16 日就是该股票在交易所交易的最后一日。

特别需要注意的是，当公司股票连续多日低于 1 元钱后，相关股票很可能会出现恐慌型抛售，导致股价进一步下跌。此时，中小投资者手中持有的股票很可能直接被套牢，遭受巨大的损失。因此，中小投资者应当尽量避免投资低价股，特别是股价在 1.5 元以下的股票，降低手中股票被退市的风险。

2. 重大违法强制退市情形

与交易类强制退市情形一样，重大违法强制退市情形也属于"直接退市情形"。对于任何一家公司来说，合规经营都是一项基本要求。如果上市公司存在重大违法事项，就很有可能触及强制退市情形。沪深两所的监管规则明确表示：

（1）对于上市公司存在欺诈发行、重大信息披露违法或者其他严重损害证券市场秩序的重大违法行为，其股票应当被终止上市；

（2）对于公司存在涉及国家安全、公共安全、生态安全、生产安全和公众健康安全等（即"五大安全"）领域的违法行为，情节恶劣，严重损害国家利益、社会公共利益，或者严重影响上市地位，其股票应当被终止上市。

目前，涉及重大违法强制退市情形的大多数案例源于公司欺诈发行、重大信息披露违法等财务造假行为。正如本书多次提到的，财务造假是 A 股资本市场的一大毒瘤，是一项欺骗投资者的恶劣行为。2024 年，随着退市制度的进一步完善，沪深交易所对于欺诈发行、重大信息披露违法等情形设置了明确的指标。以沪深交易所主板的相关监管规则为例，若中国证监会行政处罚决定书中认定上市公司存在以下情形，公司股票将被退市：

（1）单一年度虚假记载，虚假记载金额为"2 亿元且占公司总资产的 30%"；

（2）连续两年虚假记载，虚假记载金额为"合计 3 亿元且占公司

总资产的 20%";

（3）连续三年及以上虚假记载，不论金额大小。

2024年，上述退市新规一经发布，市场舆论就非常关注连续三年及以上被认定为虚假记载即遭强制退市这一指标。无论金额大小，一旦上市公司存在连续三年及以上的财务造假行为，公司股票就都会因触及重大违法强制退市情形而被强制退市。这一指标的威力巨大，使得很多财务造假的上市公司惧怕不已，也彰显了监管机构对于财务造假重拳出击的态度。

中小投资者需要格外重视上市公司经营业绩的真实性问题，尽量避免投资业务存疑、口碑较差的上市公司。在本书中，我们也或多或少地讨论了如何识别一家上市公司潜在的财务造假行为，希望大家仔细阅读。

除了财务造假，上市公司还可能因为涉及违反"五大安全"指标而被强制退市。目前，因该指标而被强制退市的案例极少，因为该标准非常严格，需要以相关行为违法情节恶劣，严重损害国家利益、社会公共利益为前提。一般来讲，上市公司存在普通民事、刑事案件是不会触及该情形的，中小投资者对此不用过于紧张。

3. 财务类强制退市情形

在前文中，我们已经详细介绍了财务类退市风险警示情形，并深入解析了沪深交易所围绕营业收入、净利润、净资产、审计报告意见类型等方面设置的具体指标。财务类情形属于"间接退市情形"，一旦上市公司触及财务类退市风险警示情形，其股票就会被实施 *ST。被实施 *ST 后，公司股票暂时还不会被退市。然而，若上市公司在随后的一年中出现下列任一情形的，其股票就会被退市：

（1）经审计的利润总额、净利润、扣除非经常性损益后的净利润三者孰低为负值，且扣除后的营业收入低于3亿元（创业板、科创板为1亿元）；

（2）经审计的期末净资产为负值；

（3）财务会计报告被出具保留意见、无法表示意见或者否定意见的审计报告；

（4）追溯重述后，利润总额、净利润、扣除非经常性损益后的净利润三者孰低为负值，且扣除后的营业收入低于3亿元（创业板、科创板为1亿元），或者追溯重述后期末净资产为负值；

（5）财务报告内部控制被出具无法表示意见或者否定意见的审计报告；

（6）按照规定披露内部控制审计报告，但因实施完成破产重整、重组上市或者重大资产重组等，按照有关规定无法披露的除外；

（7）未在法定期限内披露经半数以上董事保证真实、准确、完整的年度报告；

（8）未在规定期限内向证券交易所申请撤销退市风险警示；

（9）撤销退市风险警示申请未获得证券交易所审核同意；

（10）其他符合退市条件的情形。

正如前文所述，目前因财务类情形而被强制退市的上市公司占据了退市公司案例的多数。每年一到年报季，就有相当多的*ST公司披露公司股票退市相关公告。例如，2023年5月4日，某上市公司公告称，因公司2021年度审计报告被出具无法表示意见，2022年5月5日，公司股票被实施*ST。又因公司2022年度经审计的期末净资产为负数，且2022年度的审计报告被再次出具无法表示意见，触及股票终止上市的情形。最终，公司于 2023 年 6 月 7 日收到股票终止上市的决定，股票正式退市。

必须强调的是，针对财务类强制退市情形，其特点之一是"第二年指标交叉适用"，即无论上市公司第一年是因触及何种财务类指标而被实施 *ST，只要第二年再次触及任一财务类指标，公司股票就都会被退市。例如，某上市公司因 2022 年度的审计报告被出具了无法表示意见，触及了财务类退市风险警示指标，其公司股票被实施 *ST。在被实施 *ST 后，虽然上市公司 2023 年度的审计报告是标准无保留意见，但是期末净资产却为负。这时，尽管该公司第一年和第二年触及的财务类指标不同，根据"第二年指标交叉适用"，该公司股票在第二年仍会被退市。

4. 规范类强制退市情形

与财务类情形类似，规范类强制退市情形也属于"间接退市情形"。如上市公司在公司治理、内部控制等方面存在严重异常且未按规定要求予以整改，公司股票将被实施 *ST。在被 *ST 后的规定期限内仍未予以解决的，公司股票将被强制退市，具体情况见表 3-3：

表 3-3 规范类退市风险警示情形和强制退市情形

规范类退市风险警示情形	规范类强制退市情形
未在法定期限内披露年度报告、半年度报告，公司股票及其衍生品种自定期报告披露期限届满的下一交易日起停牌，此后公司在股票及其衍生品种停牌两个月内仍未披露	被实施退市风险警示之日后两个月内，仍未披露符合要求的年度报告或者半年度报告
半数以上董事无法保证年度报告或者半年度报告真实、准确、完整，且在法定期限届满前仍有半数以上董事无法保证，公司股票及其衍生品种自定期报告披露期限届满的下一交易日起停牌，此后公司在股票及其衍生品种停牌两个月内仍未改正	被实施退市风险警示之日后两个月内，半数以上董事仍然无法保证公司所披露年度报告或半年度报告真实、准确、完整

续表

规范类退市风险警示情形	规范类强制退市情形
因财务会计报告存在重大会计差错或者虚假记载，被中国证监会责令改正，但公司未在要求期限内完成整改，公司股票及其衍生品种自要求期限届满的下一交易日起停牌，此后公司在股票及其衍生品种停牌两个月内仍未完成整改	被实施退市风险警示之日后两个月内，仍未披露经改正的财务会计报告
因信息披露或者规范运作等方面存在重大缺陷，被证券交易所要求改正，但公司未在要求期限内完成整改，公司股票及其衍生品种自要求期限届满的下一交易日起停牌，此后公司在股票及其衍生品种停牌两个月内仍未完成整改	被实施退市风险警示之日后两个月内，仍未完成整改
公司被控股股东（无控股股东，则为第一大股东）或者控股股东关联人非经营性占用资金的余额达到2亿元以上或者占公司最近一期经审计净资产绝对值的30%以上，被中国证监会责令改正但未在要求期限内完成整改，此后公司在股票停牌两个月内仍未完成整改	被实施退市风险警示之日后两个月内，仍未完成整改，或控股股东（无控股股东，则为第一大股东）及其关联人存在其他非经营性占用资金情形
连续两个会计年度财务报告内部控制被出具无法表示意见或者否定意见的审计报告，或者未按照规定披露财务报告内部控制审计报告	被实施退市风险警示后，首个会计年度的财务报告内部控制被出具无法表示意见或否定意见的审计报告，或者未按照规定披露财务报告内部控制审计报告
因公司股本总额或股权分布发生变化，导致连续20个交易日不再具备上市条件，公司股票及其衍生品种自20个交易日届满的下一交易日起停牌，此后公司在股票及其衍生品种停牌1个月内仍未解决	被实施退市风险警示之日后6个月内，股本总额或股权分布仍不具备上市条件
公司可能被依法强制解散，法院依法受理公司重整、和解和破产清算申请	公司依法被吊销营业执照、被责令关闭或者被撤销等强制解散条件成就，或者法院裁定公司破产

每年因触及规范类情形而被强制退市的案例并不算多。一般来讲，如果上市公司不想被强制退市，其解决规范类问题的难度就会比解决财务类问题要稍微低一些。

（四）强制退市情形的信息披露

强制退市情形是导致上市公司股票退市的主要原因，也是中小投资者最害怕出现的状况。上市公司股票被强制退市意味着公司至少在生产经营、内部治理、市场交易、合规运作等任一方面存在严重问题，公司股票已经不适合在沪深 A 股市场交易。

由于公司股票退市风险的严重性，沪深交易所对公司股票退市设置了比较明确的公告披露要求。一般来讲，若触及了强制退市情形，图 3-1 为上市公司重要公告披露的时间节点，需要中小投资者关注：

图 3-1　上市公司股票退市的基本流程

不过，强制退市情形分为"直接退市情形"和"间接退市情形"两种，而这两种情形在退市相关信息披露上有些许差别，公告格式、时间要求等会有所不同。

1. 直接退市情形下的信息披露

对于交易类强制退市情形，监管规则明确要求上市公司尽可能提前提示退市风险，在出现股价、市值或股东人数等可能触及退市指标前，上市公司就需要发布风险提示公告。以上市公司交易类强制退市情形中最可能触及的"面值退市"为例，当公司股价首次低于 1 元时，上市公司就需要披露可能被终止上市的风险提示公告。

一般来讲，在公告中，上市公司会说明其经营生产情况，以及内外部环境是否存在重大不利变化等。此外，公告中还可能会披露一些上市公司已采取或拟采取的一些自救措施，如大股东、董监高增持计划，公司回购等。如上市公司披露了其自救措施，中小投资者应该仔细评估其可行性。若上市公司经营业绩严重下滑，公司本身及其大股东等资金极为紧张,那么上市公司披露出来的自救措施很可能只是"一纸空文",根本实施不了。

对于重大违法强制退市情形,其信息披露特点是分阶段披露。由于重大违法行为需要依据证监会、人民法院或其他政府主管部门的正式法律文书,而上述部门一般是分阶段做出生效的处罚决定、裁判,因此上市公司需要根据不同阶段出具的法律文书进行相应的信息披露。例如,在做出正式处罚决定前,证监会会向上市公司或相关方出具行政处罚事先告知书。当上市公司收到事先告知书时,需要对外公告披露。监管规则明确,当上市公司知悉其可能触及重大违法强制退市情形时,如收到相关行政机关向其送达的行政处罚事先告知书或者知悉人民法院做出有罪裁判后(一般来讲,法院做出的判决不是立即生效的,需要等待上诉期届满),上市公司需立即披露相关情况。同时,为提示退市风险,公司股票将被实施*ST。在被实施*ST后,一旦上市公司重大违法行为被最终确认,如其收到相关行政机关的行政处罚决定书,或者人民法院的裁判生效后,公司就需要立即披露相关情况及公司股票可能被终止上市的风险提示公告。公司股票于公告后停牌,交易所将在规定期间内向公司发出终止上市事先告知书,并启动退市流程。

需要强调的是,重大违法情形属于"直接退市情形"。在该情形中,公司股票被实施*ST与财务类或者规范类情形中的*ST有着本质区别。在财务类或者规范类情形下,公司股票在被实施*ST后,只有在一定期限内上市公司再次触及财务类或规范类指标,公司股票才会被退市。而在重大违法情形下,公司股票是在其知悉可能触及重大违法强制退市情形时被实施*ST,当上市公司真的被认定存在重大违法行为时，公司股票将直接退市。由于重大违法行为的定义非常严格（前文也已讲述），只有相关违法行为情节恶劣，严重损害国家利益、社会公共利益时，才可能触及重大违法退市情形。因此，当上市公司披露其因涉嫌重大违法行为导致股票被实施 *ST 的公告时，说明其违法行为情节已相当严重了，该公司距离正式退市已经不远了。

2. 间接退市情形下的信息披露

财务类情形和规范类情形属于间接退市情形，这两种退市情形在适用流程上都遵循公司股票先被实施 *ST，后续才被终止上市的原则。相较于直接退市情形，在间接退市情形下，上市公司进行退市相关信息披露的时间跨度更大、频率更高，这样也有助于投资者更好地了解公司股票的退市风险。

例如，当上市公司预计其可能触及"营业收入 + 利润"或"净资产"财务类退市风险警示指标，公司股票可能被实施 *ST 时，上市公司应当在相应的会计年度结束后 1 个月内，披露公司股票交易可能被实施退市风险警示的风险提示公告。待年报披露后，如果其股票正式被实施 *ST，上市公司就会开始披露股票可能被强制退市的风险提示公告（由于已被 *ST，如果下一年仍未摘星，公司股票就会被退市）。在可能被强制退市风险提示公告中，上市公司会详细说明其股票可能被强制退市的原因，包括之前的财务数据及可能触及的财务类指标。

中小投资者应该重点关注在提示公告中披露出来的上市公司自身情况，如上市公司当前的生产经营状况、是否被行政机关立案调查、是否存在自救行为等方面。如果上市公司在提示公告中已明确其存在生产经营基本停滞、人员流失严重等事项，那么该公司股票退市的概率是极大的。

在规范类情形下，上市公司需要在不同阶段或者不同情形发生时发布风险提示公告。例如，上市公司未在法定期限内披露年度报告或者半年度报告，存在可能因触及规范类退市风险警示被强制退市时，其信息披露时点如图3-2。

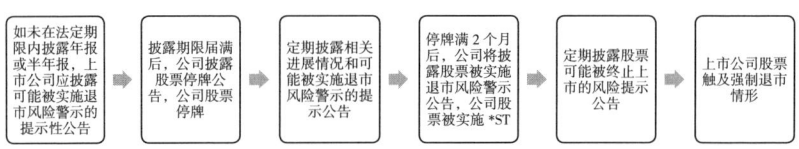

图3-2 上市公司需披露的风险提示公告

由于规范类情形与财务类情形的信息披露公告的格式、时间要求类似，我们不做过多介绍。

实际上，上市公司无论是存在直接退市情形，还是存在间接退市情形，对于中小投资者来说，都应当对公司披露出来的公告保持一百二十分的关注。上市公司被强制退市是任何投资者都不愿遇到的事情，如果想尽量避免自己的投资受到巨大的损失，中小投资者就应该了解上市公司退市制度，分析公司退市相关公告，判断上市公司的退市风险。

最后需要强调的是，如果上市公司因信息披露违法而被中国证监会做出行政处罚，受损失的投资者有权以自己受到虚假陈述侵害为由，通过司法途径寻求民事救济或赔偿，维护自己的合法权益。这既是投资者维护自己投资的合法权益，也是不法上市公司应尽的赔偿义务。愿A股资本市场没有财务造假！

第四章

上市公司的资本运作

INFORMATION DISCLOSURE

A 股上市公司信息披露 ABC

为什么每年有那么多公司想在A股上市？这就不得不提到资本市场带给上市公司的各种红利。例如，在撰写本书的时候，我正在装修房子（装修的确很累人）。在挑选瓷砖、防水材料或是衣柜、橱柜时，看到某个品牌是上市公司旗下的，我就不由自主地认为这个牌子更为可靠。上市公司往往特别喜欢在广告中强调自己是上市公司，并亮出自己的股票代码，这就是在享受资本市场给其带来的名誉红利。

当然，名誉红利只是公司上市后能得到的各项红利中很小的一部分。对于上市公司来说，在A股上市最重要的红利就是其拥有了在资本市场开展资本运作的绝佳机会。上市公司的资本运作是指公司利用资本市场，通过一系列的活动，从而改善资本结构、提升盈利能力和市场竞争力。这些活动涵盖了股权融资、债券融资、产业投资、资产重组、企业并购等多个方面。通过资本运作，公司可以筹集资金、优化资源配置、提高市场竞争力和盈利能力，从而实现持续性的高质量发展。

资本运作决定了上市公司的未来发展，对于上市公司的重要性不言而喻。对于中小投资者来说，上市公司的资本运作活动同样至关重要。上市公司是否能有效开展资本运作、资本运作过程中是否存在"猫腻"、资本运作是否真的能给上市公司及投资者带来实惠等问题都值得仔细分析和研究，而上市公司在资本运作过程中披露的各类公告就成为分析和研究的最佳渠道。

本书在前面的章节中介绍了上市公司的定期报告及多种重要的临时性公告。资本运作相关公告也属于临时性公告的范畴。由于资本运作的特殊性及重要性，在本章中，我们聚焦重大资产重组、再融资、股权激励和员工持股计划等常见的资本运作活动，重点讲述相关活动的基本概念、流程及相关的信息披露要求。

第一节 重大资产重组

对于新入股市的投资者来说,"重大资产重组"可能是一个比较陌生的名词。但是,对于稍微有入市经验的投资者来说,"重大资产重组"这个名词非常敏感,甚至可以说一听到这个词,就可能会连续好几个晚上睡不着。在大部分情况下,重大资产重组绝对是重大利好消息,是一个让无数中小投资者翘首以盼的资本运作活动。在上市公司披露相关公告后,公司股价往往会连续多日涨停。

● 基本概念

在介绍重大资产重组之前,我们要先解释一下"并购重组"这个概念。"并购重组"不是严谨的法律术语,只是市场约定俗成的说法,主要包括对上市公司股权结构、资产和负债结构、利润及业务产生重大影响的各项活动,如上市公司控制权转让(收购)、资产重组(购买、出售资产)、企业合并等。

上市公司经常会通过并购重组进行横向布局或者上下游产业链延伸,从而实现产品、市场或者规模的扩张,以及竞争力的提高。通过并购重组,上市公司可以迅速开拓新业务、生产新产品,从而顺应快速发展的经济形势,抓住转瞬即逝的发展机会,实现跨越式发展。

在并购重组活动中,投资者最常见到的是以购买、出售资产为主的资产重组活动。上市公司进行资产重组活动相当频繁,往往隔段时间就会披露相关公告。虽然上市公司进行资产重组的次数并不算少,但是并非所有购买、出售资产的行为都会被判定为重大资产重组。

重大资产重组是上市公司资产重组的特殊情形，是指上市公司及相关方在日常经营活动之外，通过购买、出售资产或者其他资产交易方式，且这些交易达到规定的比例，导致上市公司的主营业务、资产、收入发生重大变化的资产交易行为。

目前，监管规则主要从资产总额、净资产、营业收入等方面判定购入、出售的资产是否构成重大，以及是否触及重大资产重组标准。上市公司及其控股或者控制的公司，若其购买、出售资产，达到下列标准之一的，就被视为构成重大资产重组：

（1）购买、出售的资产总额，占上市公司最近一个会计年度经审计的合并财务会计报告期末资产总额的比例，达到50%及以上；

（2）购买、出售的资产在最近一个会计年度所产生的营业收入，占上市公司同期经审计的合并财务会计报告营业收入的比例达到50%及以上，并且金额超过5,000万元人民币；

（3）购买、出售的资产净额，占上市公司最近一个会计年度经审计的合并财务会计报告期末净资产额的比例，达到50%及以上，并且金额超过5,000万元人民币。

一旦上市公司购入、出售资产的行为触及了重大资产重组标准，就意味着该行为不同于普通的资产重组，需要中小投资者予以高度重视。一方面，重大资产重组对上市公司的主营业务、资产、收入等方面都会带来重大变化，成功的重大资产重组会大大增强公司的竞争力，提升公司业绩，也会给投资者带来较为丰厚的回报。但是另一方面，A股市场中也存在不少重大资产重组失败的案例。有的上市公司急于求成，贪大求快，甚至盲目跨界重组，导致公司内部动荡不安。还有的上市公司为了操纵股价，配合公司大股东和董监高减持，披露

"忽悠式"重组公告，吸引中小投资者买入公司股票，随后却突然宣告重组终止，中小投资者成为相关方减持的"垫脚石"。

正是因为重大资产重组的重要性，监管机构对上市公司重大资产重组设置了非常严格的规则标准，并一直保持"严监管"的态度。监管规则明确要求，上市公司开展重大资产重组必须符合以下条件：

（1）符合法律法规；

（2）不会导致不符合股票上市条件；

（3）定价公允；

（4）权属清晰；

（5）有利于上市公司增强持续经营能力；

（6）独立性要求；

（7）有效公司治理。

● 具体流程

重大资产重组的流程复杂且漫长，涉及的公告也非常多，相关的信息披露制度和要求非常严格。在每个流程节点上，监管规则都明确规定了上市公司需要披露的公告种类及其具体内容，以便投资者第一时间获取重组的进展信息。

（一）筹备阶段

重大资产重组的第一步就是筹备阶段，主要以洽谈、尽职调查为主。上市公司与交易对手方进行初步洽谈和磋商，一旦双方达成收购或出售的初步意向，通常会签署一份意向性协议。值得注意的是，仅签署意向性的协议不会触及信息披露义务，上市公司往往不会对外公告。

接下来，交易双方就会聘请券商、律师事务所、会计师事务所、评估师事务所等中介机构开展尽职调查。从财务、法务、税务等多角度调查交易标的具体情况，如相关资产经营情况、组织架构等，从而初步判断该资产是否具有购买或出售的条件。如果在开展尽职调查后，发现交易标的财务极其混乱，内部治理已失控，极大可能存在财务造假的风险，上市公司就会尽早停止该交易。

由于上市公司在筹备阶段往往不会触及信息披露义务，相关知情人非常少，广大投资者根本无法获取到相关信息，这时就很有可能发生内幕交易事件。知情人在得知公司有意向开展重大资产重组后，立即买入公司股票，以期待消息正式披露后公司股价大涨。

为避免内幕交易事件的发生，上市公司有采取各项保密措施的义务，做好内幕知情人管理，记录内幕知情人信息，并与聘请的证券服务机构签署保密协议。为了最大程度地避免内幕交易，上市公司还可能在筹划阶段申请停牌。当前，监管规则对于停牌机制的原则是以"不停牌"为主。对于不涉及发行股份的重大资产重组，上市公司应当分阶段披露相关情况，不得申请停牌。对于筹划发行股份购买资产的，上市公司经申请后方可停牌。若上市公司不申请停牌，应当做好保密工作，在发行股份购买资产预案、报告书等文件披露前，不得披露筹划中交易的相关信息。

（二）审议及审核阶段

当交易双方已筹备妥当，中介机构尽职调查后未发现交易标的存在明显异常时，重大资产重组就进入了审议和审核阶段（见图4-1）。根据监管规则，重组相关方案需要经上市公司董事会及股东大会的审议。

重大资产重组的第一道关卡是董事会。上市公司一般会召开两次

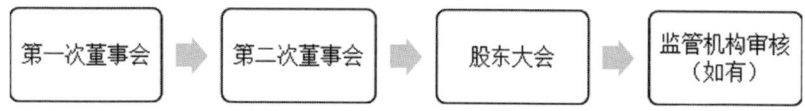

图 4-1 上市公司审议流程

以上的董事会,从而对重组相关方案进行充分审议。在第一次会议时,董事会主要审议重组预案或草案。重组预案或草案可被视为重组相关方案的过程稿。此时,预案或草案的细节内容尚待完善。例如,预案或草案可能仅仅披露了交易对象和交易标的,但没有包含交易的具体价格及定价原则等。在重组相关方案得到进一步完善后,上市公司就会召开第二次董事会,审议并披露重组报告书及详细的中介报告,提议召开股东大会。

值得注意的是,如果上市公司及相关交易方准备工作比较充分,那么,上市公司也可以只召开一次董事会,直接审议并披露重组报告书。对于涉及筹划发行股份购买资产的重组,在首次董事会公告后 6 个月内,如果未能发出股东大会通知,上市公司必须重新召开董事会。这是因为发行股份购买资产中涉及的新股发行定价以董事会决议公告日为基准日。如果定价基准日距离股东大会召开日过长,可能会引发对定价公允性的疑虑,所以监管规则才设置了 6 个月的期限。而对于不涉及发行股份的重组,就没有 6 个月的期限要求了。

重大资产重组的第二道关卡是股东大会。鉴于重大资产重组的重要性,重大资产重组属于为数不多的法律法规明确要求必须经出席会议的股东所持表决权三分之二以上通过的事项(又被称为"特别决议")。股东大会会对前期董事会审议的相关事项进行逐项表决,主要涉及以下事项:

（1）本次重大资产重组的方式、交易标的和交易对象；

（2）交易价格或者价格区间；

（3）定价方式或者定价依据；

（4）相关资产自定价基准日至交割日期间损益的归属；

（5）相关资产办理权属转移的合同义务和违约责任；

（6）决议的有效期；

（7）对董事会办理本次重大资产重组事宜的具体授权。

若涉及发行股份，股东大会还需要对拟发行股份的数量、价格等发行方案相关的事项进行逐项表决。

此外，为了更好地保护中小股东的权益，监管规则在股东大会审议重大资产重组事项中引入了中小投资者单独计票机制，要求上市公司应对中小股东（除上市公司董监高及持股5%以上股东外的股东）的投票情况进行单独统计并予以披露。通过中小投资者单独计票机制，市场各方可以直接了解中小投资者对重组事项的态度，如果中小股东投票结果不理想，就很容易引起监管机构对该重组事项的关注和问询。

若重大资产重组事项不涉及发行股份，在董事会、股东大会审议后即可实施，无须履行审核、注册程序；若涉及发行股份购买资产，则上市公司在董事会、股东大会审议后，还需要报送交易所审核、证监会注册。交易所审核通过的，报送中国证监会履行注册程序；审核不通过的，做出终止审核的决定。

（三）实施阶段

上市公司重大资产重组完成相关审议及审核阶段后，就迎来了重组实施阶段。重组实施主要包含交割过户和整合两个方面。

交割过户的内容比较简单，主要涉及交易标的资产的过户登记、新股发行登记等程序。监管规则要求，上市公司聘请的独立财务顾问和律师事务所对重组交易的实施过程、资产过户事宜和相关后续事项的合规性及风险进行核查，并披露明确意见。此外，在资产过户完成后，上市公司需要在3个工作日内披露《实施情况报告书》。

实际上，重组实施的重点在于交割过户完成后的持续性整合。然而，重组整合却往往会被上市公司及投资者忽略。在上市公司通过重大资产重组收购标的资产后，如何管理好标的资产是一个大问题，有时管理标的资产水平的高低甚至直接关系到上市公司的退市风险。下面是上市公司并购标的资产后常见的一些问题：

1. 业绩补偿执行难

业绩补偿执行难的问题源于业绩承诺机制。业绩承诺本质上就是大家所熟知的"对赌"协议。在上市公司并购标的资产时，可能会要求被收购方的相关股东做出业绩承诺，以标的资产未来一定期限内的盈利指标（通常为净利润）作为业绩考核标准。若标的资产未来的实际盈利未达到业绩考核标准，则会触发业绩补偿条款。被收购方的相关股东需要就差额部分向上市公司进行相应补偿。对于上市公司来说，被收购方的相关股东做出的业绩承诺相当于一颗"定心丸"，使其对标的资产未来的业绩更有信心。

更重要的是，即使最后标的资产的业绩不如人意，上市公司仍希望通过业绩承诺机制得到补偿以弥补一定的损失，但这可能并非易事。当相关方需要向上市公司赔偿业绩差额时，其很可能以各种理由拒绝或拖延支付赔偿款。例如，2016年某上市公司收购某标的资产，相关交易构成重大资产重组。与此同时，被收购方的原股东与上市公司签署了业绩承诺协议。在后续经营中，上市公司聘请的年审会计师认为该标的资产2017年净利润为2,700万元，低于承诺的10,150万元，但被收购方原股东不认可会计师的审计结果，提出部分交易应当确认收入，并拒绝履行补偿义务。当出现业绩补偿争议时，上市公司往往只能通过诉讼途径解决。但即使最后官司打赢了，也可能遇到被收购方原股东名下已无可执行资产的情形，最后只能不了了之。

2. 商誉减值风险

在"定期报告"一章中，我们介绍了商誉的概念及其对公司业绩的影响。在并购重组交易中，相关交易往往会出现"高业绩承诺、高估值、高商誉"（又被称为"三高"）三者并存的情形。在上市公司的并购重组交易中，如存在较高的业绩承诺，标的公司的估值自然会水涨船高。又由于标的公司的估值变大，并购重组该资产会产生较高的商誉，从而形成了"高业绩承诺→高估值→高商誉"的连锁反应。但对于上市公司来说，大额商誉就是一把悬在头顶上的"达摩克利斯之剑"，如果标的资产有风吹草动，就很容易发生商誉减值，给上市公司未来的业绩带来较大的不确定性。

3. 整合失败，标的资产失控

标的资产的失控实际上代表着上市公司未能有效控制、整合、运营相关资产。有时，上市公司可能出于降低并购成本或加速并购进程等考虑，在与交易对手方签署协议时，忽略了设置有利于上市公司控制标的公司的条款，例如未要求上市公司派出的董事占被收购公司董事会席位的绝对多数、未要求上市公司具有一票否决权等。一旦缺少这类条款，标的资产就很可能陷入失控状态，甚至拖累上市公司。

例如，某上市公司以7亿元从交易对手方购买标的公司60%的股权,其余的40%股权仍由交易对手方持有,并由交易对手方实际经营。次年,该上市公司发现该交易对手方不配合工作,还存在挪用资金、职务侵占、骗取贷款等违法行为,导致公司的监督和控制无法实施,与标的公司的实际管理层反复沟通未果,上市公司对其失去了有效控制。交易完成后不到一年半,标的公司资产几乎被掏空。上市公司决定对标的公司实施破产清算,估计直接损失达9,000万元。

4. 标的资产财务造假

标的资产的财务造假往往源于上市公司缺乏对标的资产的有效控制。由于财务造假对上市公司的危害性极大,直接关系到上市公司的退市风险,因此标的资产是否存在财务造假问题是最应当被投资者关注的。需要指出的是,在并购重组交易中,做出业绩承诺的一方往往会更有动机进行财务造假,以粉饰报表,从而达到业绩考核标准,避免触及业绩补偿条款。此时,就很有可能发生"勉强达标"或"精确达标"等造假迹象。例如,某上市公司在收购某标的公司后,该标的公司原股东承诺标的公司2015年至2017年累计扣非后净利润为20,270万元,而最终实现累计扣非后净利润为20,574.76万元,标的公司原股东以101.50%的完成率精准完成业绩承诺。后续,监管机构发现上述业绩承诺的精准达标完全是标的公司财务造假的结果,给予了上市公司及标的公司相关当事人非常严厉的处罚。

正是因为重组整合很可能存在上述的问题,监管规则在重大资产重组过程中引入了"持续督导"这个概念(IPO、再融资等项目中也有持续督导机制),让独立财务顾问(券商)等中介机构在重大资产重组交易完毕后的一段时间内,对上市公司及标的资产进行持续性的监督和辅导。当前规则要求,持续督导期限为重组交易实施完毕当年剩余时间以及其后一个完整会计年度。

在重大资产重组的持续督导中，中介机构的主要职责包括督促上市公司有效控制、整合、运营标的资产，关注并督促相关方履行承诺，关注商誉减值等方面。如上市公司出现以下情形，独立财务顾问还需对上市公司或者标的资产进行现场核查，并出具核查报告：

（1）标的资产存在重大财务造假嫌疑；

（2）上市公司可能无法有效控制标的资产；

（3）标的资产可能存在未披露担保；

（4）标的资产可能存在非经营性资金占用；

（5）标的资产股权可能存在重大未披露质押。

● 信息披露关注要点

前文我们已经介绍了重大资产重组的概念、流程等内容。但实际上，中小投资者更应该关注的是与重大资产重组交易相关的信息披露。上市公司在并购重组过程中会披露相当多的文件公告，如重组预案、重组报告书、中介机构核查意见书、实施情况报告书等。

其中，中小投资者应当仔细阅读和分析的就是重组预案及报告书（包括草案）。预案和报告书中会详细说明本次交易的内容、标的资产情况等方面，为中小投资者全方面了解本次重组交易提供了窗口。重组预案及报告书是上市公司开展重大资产重组中最重要的信息披露文件。

一般来讲，重组预案和报告书分别是在首次董事会和二次董事会时披露出来的。相较于重组预案，重组报告书的内容更为全面、详细。由于重组预案发布在先，其更能够第一时间为中小投资者提供有效信息，分析相关交易是否存在疑点。因此，中小投资者可以先阅读重组预案，对重组交易先有一个大致判断。

重组预案和报告书里包含本次交易概况、上市公司与交易双方的基本情况、交易标的概况、交易标的评估情况、交易标的主要业务概况、发行股份情况（如涉及发行股份）、交易合同的主要内容等方面。除此之外，重组报告书中还会纳入独立财务顾问意见、法律意见书及资产评估、审计资产估值等详细报告。虽然看起来内容非常多，但对于中小投资者而言，重组预案和报告书中需要格外关注和分析的内容与普通的交易类公告没有太大区别，不必过于担心。

中小投资者在分析和解读重组预案和报告书时，要判断相关交易是否真的有利于上市公司，以及是否真的能给股东，特别是中小股东带来收益，避免自己的投资被重组交易带到"坑里"。

（一）交易的必要性

通过并购重组，上市公司既能高效整合优质产业资源，又能快速出清低效资产，从而优化资源配置，促进上市公司发展。毫无疑问，这样的交易是有利于上市公司的，也是具有必要性的。然而并不是每一项重大资产重组交易都具有必要性，而缺乏必要性的重大资产重组交易往往暗示着该交易很可能存在"猫腻"，非常值得中小投资者予以重视。

在阅读重组预案或报告书时，中小投资者可以关注相关内容是否解决了以下疑问：

一是在本次交易概况中，上市公司是否充分说明了在本次交易完成后其明确可行的发展规划。如果重组预案或报告书中并没有披露详细的规划，或者是相关规划很不清晰，甚至连可行性都值得怀疑，那很可能表明该交易并不属于上市公司发展规划的一环，很可能只是上市公司管理层一时"头脑发热"的产物。例如，部分上市公司不务正业却专做并购，只要遇到市场热门题材就立刻开展并购重组，这种多元化尝试的成功率很低，很容易导致上市公司自身主业受到严重影响，最后导致公司股票退市。

二是在本次交易披露前后，上市公司实控人或管理层是否存在大比例的减持计划。在前文中，我们已经提到了有部分上市公司为了操纵股价，配合相关方减持，披露"忽悠式"重组方案。这种方案不存在任何的必要性，其唯一的用途就是拿中小投资者做"垫脚石"，坑害中小投资者。例如，某上市公司实控人于年初披露了减持计划，拟将其持有的上市公司股份转让给某机构。几天后，上市公司披露了拟筹划重大资产重组的提示性公告，该上市公司拟以发行股份或支付现金的方式，收购市场讨论度相当高的某公司。上市公司披露公告后，上市公司股价连续多日涨停，公司实际控制人也趁机高位套现。然而没过多久，上市公司却披露公告称由于交易双方存在意见分歧，决定终止相关并购重组进程。这种"忽悠式"的重组最终引来监管机构的层层问询，上市公司实控人也受到了相应处罚。

（二）交易价格公允性

交易价格的公允性是一个老生常谈的问题，也是重大资产重组交易中最值得重视的问题之一。就像去菜市场买菜，货比三家才更可能买到好菜。在菜的质量相似的前提下，肯定是哪家的价钱公道才买哪家。因此，不只是重大资产重组交易，上市公司的任何交易都应当遵循这一原则。若一项交易缺少了公允性，损害的就是上市公司及中小投资者的利益。

重大资产重组交易的金额往往以亿来计算，对包括上市公司在内的交易各方来说都是一笔不小的数目，交易金额是否公允就显得格外重要。上市公司往往会在重组报告书中详细披露本次交易定价的依据及合理性，中小投资者应仔细分析和判断交易价格是否具有公允性。

在重大资产重组交易中，最后的交易金额是以标的资产的评估价值为基础来确定的。标的资产评估价值是否公允又很大程度上取决于选取的评估方法是否适当，是否能充分且公平地反映标的资产的价值。为了尽量避免交易双方通过选取不当的评估方法来影响交易价格的公允性，监管规则明确要求重大资产重组交易原则上应当采取两种或两种以上的方法进行评估，交易各方需根据其所处行业的特征选择恰当的评估方法并说明理由。

目前，市场中常用的评估方法有资产基础法、收益法和市场法。三种方法的适用场景、特点、评估基础都有所不同，对同一标的资产评估出来的结果也可能大相径庭。

1. 资产基础法

资产基础法，又被称为重置法或成本法，其评估流程为先估测被评估资产的重置成本，然后考虑各种贬值因素，并将其扣除而得到被估资产价值。资产基础法主要适用于评估从事传统行业的重资产公司，这类公司的固定资产、存货等资产往往总额巨大。

资产基础法以标的公司现有资产为评估出发点，能较为客观且公正地反映资产的真实价格，其评估结果往往更为谨慎。但是，资产基础法也有不少缺点。首要的是，它并没有考虑公司未来收益的影响，无法反映评估对象的增长潜力。另外，资产基础法高度依赖于财务报表，特别是资产负债表的真实性、准确性，如果评估对象存在虚增资产等财务报表不真实的情形，很容易导致评估结果不准确。

2. 收益法

收益法的特点在于"面向未来"，其评估过程非常好理解，即通过评估标的公司的未来预期收益，运用适当的折现率将这些收益折算成现值并加和，以此来确定评估价值。收益法往往适用于轻资产、新型行业，主要考虑资产的未来收益能力和货币的时间价值。

收益法的优点有很多，其中最重要的是收益法更合乎理性投资决策的要求，关注未来标的公司能带来的收益，而不是过去已发生的事情。此外，恰当运用收益法进行评估能够比较真实、准确地反映企业资产的价值，评估结果也更容易被交易双方接受，因此，大部分重大资产重组交易往往会将收益法作为确定评估结论的主要评估方法。

但是，收益法的缺点也非常明显。收益法是并购重组交易中最有可能存在"猫腻"的评估方式，这主要是因为收益法本身就会受较强的主观判断和未来收益不可预见因素的影响。交易双方很可能通过调整评估参数、预期收益额等方式扭曲评估结果，造成交易价格公允性的缺失。

3. 市场法

毫无疑问，市场法是三种评估方法中最直接和最有说服力的。顾名思义，该方法利用当前公开市场中同样或类似资产的近期交易价格，经过直接比较或类比分析以评估标的公司的价值。但是，市场法在重大资产重组交易中应用的局限性很大，因为并购重组标的公司往往缺少公开的市场价格，也很难发现完全相同或相近的可比公司及相应的交易数据，这些因素导致市场法成为三种评估方法中使用频率最低的方法。

我们之所以耗费如此多的笔墨介绍评估方法，是因为在重大资产重组交易中，选取适当的评估方法直接关系到交易价格的公允性。中小投资者可以通过重组报告书中交易标的评估情况部分，了解相关交易中选取的评估方法、评估过程及评估参数。三种评估方法各有优缺点，适用于不同的交易标的类型，中小投资者需要关注报告书中披露的选择相关评估方法的原因，并判断其合理性。

例如，在以下案例中，上市公司充分解释了选择资产基础法而不是权益法作为最终评估方法的原因：某上市公司重组报告书中披露，由于交易标的属于跨境电商行业，容易受到国际贸易关系及各国对华贸易政策变动的影响，因此，基于历史及目前状态的预测数据在未来可能会因为受到外部因素的影响而出现较大差异，进而对收益法的结果产生重大影响。而资产基础法中各资产、负债的估值结果受被评估单位未来经营与预期情况差异的影响相对较小，因此本次评估将资产基础法的评估结果作为最终评估结论。

此外，当中小投资者分析和判断交易价格的公允性时，还需要格外关注评估参数选取的合理性，特别是当权益法作为主要评估方法时。权益法存在较强的主观判断性，交易各方很可能在评估参数上"作文章"，导致交易价格不公允，损害上市公司和中小股东的利益，中小投资者应特别注意相关交易中评估参数选取的合理性。

权益法的主要评估参数为收益额、折现率和收益期，其中"操作空间"最大的是收益额。中小投资者可以结合交易标的历史业绩或同行业公司情况，评估收益额的预测依据，判断交易标的评估情况中披露的收益额是否存在过分乐观估计的情形。

例如，某交易标的在2021年实现了37.19%的收入增长，但2022

年前三季度却较 2021 年下滑了 28.8%，且尚未实现盈利。但是，在评估过程中，其 2023 年至 2025 年的预测收入增长率却分别为 66.25%、55.41%、46.96%，且在 2023 年预测期首年即实现扭亏为盈。这种评估参数明显不合理，预估收益额存在明显过高的问题，导致交易标的评估价值被明显高估。

此外，中小投资者还可以关注本次交易价格与交易标的历史交易价格之间的差异及其合理性。在并购重组交易中，交易标的很可能经历过多次股权转让、增资扩股、资产剥离等，往往不止一次被评估作价过。这时，中小投资者就可以在重组报告书的"交易标的基本情况"中查阅该交易标的前期评估作价情况，并分析本次交易价格的公允性。例如，某上市公司披露公告称，其将收购某公司标的，交易金额为 7 亿元，相关交易构成重大资产重组。在上市公司披露的重组报告书中，其披露了该公司标的 7 年前曾被估值 29 亿元。报告书中称两次估值差异如此之大的原因主要为公司标的受外界因素的影响，公司业绩大幅下滑，面临较大的财务压力。这种解释虽然从一定程度上说明了估值差异的原因，但是也透露出该交易标的虽然看起来价格便宜，但公司标的经营业绩不佳，投资者仍需谨慎对待，以免接手一个"烫手山芋"。

（三）业绩承诺的合理性和补偿的可实现性

在前文中，我们提到了业绩补偿执行难是上市公司并购标的资产后常见的问题之一。如果上市公司可以设置合理的业绩承诺以及可靠的补偿机制，上市公司并购标的资产后出现业绩补偿执行难的可能性就会大大降低，也可以避免上市公司和股东的利益受到损失。

对于中小投资者来说，重大资产重组交易双方是否设置了业绩承诺事项可以在重组预案或者报告书的"本次交易概况"中了解到。如果双方设置了业绩承诺,"本次交易概况"中也会详细披露双方协商好的业绩考核标准、补偿方式、争端解决机制等内容。中小投资者可以从以下事项入手,分析本次交易是否设置了合理的业绩承诺及业绩补偿是否具有可实现性。

1. 业绩承诺是否合理

本质上,设置业绩承诺的原因主要是标的公司未来经营情况、盈利能力等方面存在不确定性,其目的是防范标的公司估值虚高,甚至是交易完成后可能出现的业绩下滑风险。合理的业绩承诺有助于提升并购重组交易的公允性,并保障上市公司和股东的利益。但是,在部分交易中,业绩承诺可能存在设置不合理的情形,反而对并购重组交易造成负面影响。

一方面,如果业绩承诺设置得过低,很可能起不到保障上市公司和股东利益的作用。在上市公司对外购买资产的交易中,业绩承诺覆盖率是一个较为重要的指标,该指标是指业绩承诺金额能够覆盖交易价格的比例。如果该比例低于100%,则表明业绩承诺无法覆盖本次重组交易相关金额,这对上市公司(购买方)是不利的,表明业绩承诺可能存在设置过低的问题。另一方面,如果业绩承诺设置过高,不仅仅会导致"高业绩承诺、高估值、高商誉"的"三高"现象,还可能导致业绩承诺做出方因无法或拒绝支付金额巨大的业绩补偿而面临业绩补偿执行难的问题。

中小投资者可以通过分析业绩承诺是否符合行业发展趋势和业务发展规律来判断其合理性,避免出现业绩承诺标准过高或者过低的情形。在分析时,中小投资者可以借助互联网的力量,深入了解标的公司相关产品的市场需求、技术发展水平、竞争情况、市场占有率、客户拓展情况、合同签订和执行情况，以及披露的预测营收、净利润等方面，进一步判断业绩承诺的合理性。

例如，某上市公司拟收购某标的公司，采用收益法评估的预估值为21,172.44万元，增值率846.70%。标的公司相关股东承诺，标的公司在2017年至2019年实现的净利润分别不低于3,190万元、4,150万元、5,400万元，合计1.27亿元。若标的公司未实现承诺的净利润，则以现金或持有的相关股权进行补偿。但是，上述业绩承诺存在不合理的地方。重组报告书披露的标的公司2017年至2019年预测净利润分别为2,072万元、2,520万元、3,055万元，合计0.76亿元。业绩承诺的三年利润远高于重组报告书披露的预测值，表明该业绩承诺过高，其合理性存在很大问题。

2. 业绩补偿是否具有可实现性

如果标的公司经营业绩不佳，没有完成业绩承诺，从而触发了业绩补偿机制，做出业绩承诺的相关股东是否能够足额、及时支付业绩补偿款就显得十分重要。一旦相关股东无法或者拒绝支付业绩补偿款，上市公司就会陷入业绩补偿争议中。业绩补偿争议往往会持续数月乃至数年的时间，甚至会出现业绩补偿执行难的问题，损害上市公司及股东的利益。

业绩补偿的可实现性与业绩补偿的支付方式有较大关系。目前，A股主流的支付方式主要包括纯现金补偿、纯股权补偿、现金＋股权共同补偿等。

一是纯现金补偿。现金补偿是最直接的补偿方式，主要存在于交易标的较小、可能涉及的业绩补偿款较低的并购重组交易中。当标的公司无法完成业绩承诺时，相关股东需要按照协议约定在一定期限内支付现金补偿。现金补偿因为需要相关方拿出"真金白银"来补偿，上市公司也往往会更愿意接受这种补偿方式。当前，市场上纯现金补偿的案例也非常多。

二是纯股权补偿。当标的公司无法完成业绩承诺时，相关股东就需要承担协议约定的股份补偿责任。一般来讲，股权补偿可能意味着相关股东的资金流动性存在一定的问题，无力选择现金补偿方式。对于上市公司而言，纯股权补偿肯定没有纯现金补偿的"真金白银"可靠，因为股权的价值存在一定的不确定性，且股权本身还可能产生各类纷争。例如，相关股东可能将本应用作补偿的股权质押给第三方，造成上市公司无法第一时间收回相关股权。基于以上原因，采用纯股权补偿的交易并不算多，且较容易产生业绩补偿执行难的问题。

三是现金+股权共同补偿。现金+股权共同补偿方式兼有前述两种补偿方式的特点。根据协议约定内容，相关方可能按照不同顺序进行补偿，或以特定比例的现金、股权进行补偿。在不少案例中，相关方优先以现金补偿，当超出一定金额后，相关方再以股权补偿。在这种方式下，相关方会先拿出"真金白银"，也体现出相关方对标的公司业绩比较有信心。

除业绩补偿支付方式以外，中小投资者还应当关注交易双方是否签订明确可行的补偿协议，特别是做出业绩承诺的相关股东是否具备相应的履约能力，在承诺期内是否具有明确的履约保障措施。这种履约能力往往体现在相关股东的行业口碑、名下资产情况、是否存在被限制高消费等方面。

(四)业绩真实性

无论是上市公司,还是中小投资者,都需要重视标的公司的业绩真实性。在本书中,我们已多次强调了财务造假的严重性和危害性。由于标的公司在被上市公司收购后就成了上市公司的一部分,因此,一旦标的公司存在业绩不真实的情况,就很可能对上市公司产生严重的负面影响,甚至导致公司股票退市,使中小投资者蒙受巨大的损失。

为了避免中小投资者受到财务造假的影响,本书已介绍了一些识别财务造假迹象的方法,在此不做过多赘述。若标的公司存在以下情形,中小投资者就需要格外关注其业绩真实性的问题:

(1)标的资产成立时间较短,但业绩呈爆发式增长;

(2)标的资产成立时间较长,以往年度业绩平平,在拟被收购前后突然实现业绩爆发式增长;

(3)标的资产业绩增长与行业趋势不一致;

(4)毛利率、净利率等主要财务指标与同行业对比存在异常;

(5)公司主要生产要素(固定资产、人员等)与业绩规模不匹配等。

第二节　再融资

既然我们在上一节已经详细介绍了重大资产重组,那么在这一节中就不得不提到再融资。重大资产重组与再融资好似"两兄弟",是上市公司进行资本运作最重要的两种方式,众多投资者往往会将两者相提并论,甚至有时将两者混淆。重大资产重组和再融资有着千丝万缕的联系,两者从表面上看的确非常相似,但本质上却又存在明显区别。

● 基本概念

与重大资产重组一样,再融资也是上市公司资本运作活动的一种。简单来讲,再融资是指上市公司以资本市场为平台,为公司融资的一种活动。由于公司在IPO阶段已经通过资本市场融资过一次,因此,当公司上市后,其通过资本市场的再次融资就成为"再融资"。在当前的A股市场,上市公司往往会出于扩大公司的资本基础、增强公司的财务实力,或者为特定项目或业务提供资金等原因进行再融资。

(一)再融资和重大资产重组的区别

正如本节开头提到的,重大资产重组和再融资相似却又不同。这两种资本运作方式的主要区别有以下几点:

一是目的不同。重大资产重组的目的通常是改善公司的资产结构、提升公司的盈利能力或市场竞争力,或者实现资产的优化配置。再融资的主要目的往往是补充公司运营资金、进行项目投资,或者引入战略投资者。

二是结果不同。重大资产重组往往会导致上市公司的主营业务、资产、收入发生重大变化,对上市公司业务模式的影响深远,对公司股价的影响也往往较为明显。相比之下,再融资通常不会改变公司的核心业务或资产结构,对业务模式的影响有限。因此,相较于重大资产重组,再融资相关公告对公司股价的影响有限,投资者对公司开展再融资活动的解读可能并不统一。在某些情形下，再融资活动甚至可能会被视为"利空"信号，造成股价下跌。

（二）再融资的种类

目前 A 股上市公司常见的再融资方式主要有三大类：

一是股权融资，包括向不特定对象发行股票（增发）、向特定对象发行股票（定增）、向原股东发行股票（配股）、发行优先股等。

二是债权融资，包括公开或定向公司债、公开或定向可转债、可交债等。

三是特殊融资方式，包括存托凭证、中国存托凭证（CDR）、全球存托凭证（GDR）等。

由于资金需求较大，上市公司往往会同时采取股权、债权等多种再融资方式，一些具有国际化需求的龙头公司甚至会发行全球存托凭证。但是，相较于债权融资或特殊融资，中小投资者最感兴趣的往往还是以增发、定增等为主的股权融资。

（三）股权融资

股权融资是上市公司的核心融资方式，只有上市公司才能够充分利用 A 股资本市场开展股权融资。在 A 股资本市场的"加持"下，上市公司可以较为轻松地募集到规模较大的融资。根据股权融资的发行方式，我们可以将股权融资分为公开发行和非公开发行两种形式。

1. 公开发行

公开发行是指上市公司通过向普通 A 股投资者新增发行股票来募集资金的行为，这也是中小投资者参与再融资的主要方式。

公开发行主要包括向不特定对象发行股票（增发）和向原股东发行股票（配股）这两种融资方式。由于公开发行面向的投资者广，因此监管机构对于公开发行的再融资事项设置了较为严格的规则要求。例如，深市主要规定：上市公司涉及配股、增发的，应当确保最近三个会计年度盈利；增发还应当满足最近三个会计年度加权平均净资产收益率平均不低于百分之六。

2. 非公开发行

非公开发行是指上市公司向一定范围内的投资者新增发行新股来募集资金的行为。与公开发行的对象是普通A股投资者不同，非公开发行的对象往往是机构投资者或是上市公司的大股东。

值得指出的是，在普通的非公开发行中，上市公司会向一定范围内的潜在投资者发出认购股票邀请，发行对象一开始并不确定。而在非公开发行中，还有一种名为定向增发（定增）的特殊发行方式。定增作为非公开发行的一种，并不会向普通投资者开放，其特点是定增中的发行对象是上市公司事先已经确定的，定增对象往往是上市公司大股东或者实际控制人。

相较于公开发行，非公开发行的发行对象有限，对股票市场的整体影响也有限。因此，监管规则对上市公司开展非公开发行的要求并不算高，仅要求上市公司不存在被出具否定或无法表示的审计意见、现任董监高最近三年被证监会处罚等情形，未明确对公司的盈利能力、收益率等做出具体要求。

（四）可转债

在上文中，我们提到中小投资者最感兴趣的还是股权融资，毕竟发行A股是上市公司的"特权"，而一旦上市公司选择了公开发行，中小投资者就能很方便地参与其中。

不过近些年，上市公司有一种特殊的债权融资方式备受中小投资者瞩目，这便是可转债。与股权融资类似，可转债的发行方式包括公开发行和非公开发行。

可转债是一种兼具股权和债权属性的混合融资方式，其全称是"可转换公司债券"，是一种特殊的公司债券类型。可转债的精髓就在"可转"这两个字上。可转债的持有者在一定期间内依据约定的条件，可以将可转债转换为上市公司股票。也就是说，在满足一定条件后，投资者手上的债券就可以直接变成公司股票。可转债本质上是"债券+股权期权"的组合，投资者持有可转债后，可以选择转股或继续持有债券以收取本金和利息。

正是由于兼具股权和债权的双重属性，对于中小投资者而言，可转债是一项非常合适的投资工具，这也是近些年，认购可转债逐渐成为一个趋势的原因。可转债同时具有债券的稳定性质和股票的潜在收益，比较适合既追求一定收益又想控制风险的中小投资者。当股票价格上涨时，可转债的价格也会随之上涨，提供一定的收益。投资者也可以趁股票上涨时，将可转债转换为公司股票，直接获取股票收益。即使股票价格没有上涨，投资者仍然可以获得债券的固定利息收益。

虽然可转债是一项非常适合中小投资者投资的标的，但是可转债也存在操作较为复杂、投资专业性要求高等问题。下面我们将简要介绍可转债的一些基本操作知识，以及投资可转债需要注意的几个方面。

1. 可转债的转股权

转股权是指可转债的持有人对转股或者不转股拥有选择权。如选择转股，则可转债转换后的股票将于转股后的次一交易日上市交易。值得注意的是，目前的监管规则设置了转股期限，即在可转债自发行结束之日起不少于6个月后,可转债的持有者方可将可转债转换为公司股票,转股期限由公司根据可转债的存续期限及上市公司的财务状况确定。当可转债进入转股期后,可转债持有人才可以申请转换为公司股票。

既然可转债的持有者拥有转股权,那么持有的可转债能够转换成多少股就成了一个问题。我们可以通过以下公式得出:

可转债转换成公司股份的数量 = 可转债的债券面值 ÷ 转股价

其中,一份可转债的债券面值一般为100元,所以这个公式的关键点在于转股价。在这里,我们需要关注初始转股价、调整转股价和修正转股价。

一是初始转股价。目前规则明确,上市公司向不特定对象发行可转债的初始转股价格应当不低于募集说明书公告日前(或认购邀请书发出前)二十个交易日内发行人股票交易均价和前一个交易日均价。

二是调整转股价。可转债发行后,在可转债的存续期间,因派息、配股、增发、送股、分立、减资及其他原因引起上市公司股份变动的,公司应当按照募集说明书或者重组报告书规定的原则及方式,同时调整转股价格,并及时履行信息披露义务。

三是修正转股价。转股价修正条款是可转债募集说明书的必备条款,在公司股东大会审议可转债发行阶段,股东大会需对转股价格的确定和修正做出决定。其中,向不特定对象发行的可转债转股价不得上修,定向可转债转股价不得下修。

常见修正转股价条款示例:在可转债存续期间,当公司股票在任意连续三十个交易日中至少有十五个交易日的收盘价低于当期转股价格的85%时,公司董事会有权提出转股价格向下修正方案,并提交公司股东大会表决。

在这里，我们特别提示一下，规则中有"向不特定对象发行的可转债转股价不得上修"这一表述，是为了更好地保护中小投资者的利益。在可转债转换成公司股份数量的公式中，转股价是分母，如果转股价上修，便会导致每张可转债能够转换成的公司股份数量减少，从而损害中小投资者的利益。

2. 可转债的回售权

回售权是属于可转债持有人的权利，是当上市公司股价连续下跌、可转债转股机会渺茫时，持有人维护自身利益的一项非常重要的权利。回售权是指当满足回售条件时，可转债持有人可以按照约定的条件和价格，将所持全部或者部分可转债回售给上市公司。持有人可以选择是否回售给公司以及回售的数量。常见的回售条款如下：

在本次发行可转债的最后两个计息年度，如果公司股票在任意连续三十个交易日的收盘价格低于当期转股价的70%，则可转债持有人有权将其持有的可转债全部或部分按面值加上当期应计利息的价格回售给公司。

3. 可转债的赎回权

不同于回售权，赎回权是属于上市公司的权利，即上市公司可以按照约定的条件和价格，赎回可转债持有者手中的可转债。当满足约定的赎回条件时，上市公司可以选择行使或不行使赎回权。例如，上市公司可能会设置如下赎回条款：

在转股期内，若公司股票在任意连续三十个交易日中至少十五个交易日的收盘价格不低于当期转股价格的130%，则公司有权决定按照债券面值加当期应计利息的价格赎回未转股的可转债。

理论上，一旦上市公司决定赎回后，可转债的交易价格就将逐步回归至可转债的赎回价格。但在实践中，可转债在赎回日前非常可能存在二级市场炒作情况，可转债的交易价格可能会大大高于赎回价格。一般来说，上市公司选择赎回后，赎回价格通常为面值加上较低的利息，赎回价格会远低于可转债二级市场价格。这时，投资者可以转股获利或直接卖出可转债。但是，如投资者不了解赎回机制，没有关注到上市公司披露的赎回事项相关公告，一旦没有在赎回日前卖出可转债或及时转股，其持有的可转债将就直接按照上市公司的赎回价格被上市公司强制赎回，白白遭受损失。

● 再融资的信息披露

无论是选择用股权融资，还是用可转债开展再融资活动，上市公司都要履行一定的信息披露义务。在A股市场，再融资和重大资产重组的信息披露规范，在相关公告内容、格式、监管审核流程等各方面都十分相似。事实上，相较于重大资产重组而言，再融资往往对上市公司的资产结构、公司股价等各方面影响较小，因此，再融资的信息披露会简单不少。鉴于我们已在前一节中详细介绍了重大资产重组信息披露，下面我们就简要介绍一下再融资的信息披露。

（一）再融资的流程

再融资的主要流程见图4-2。

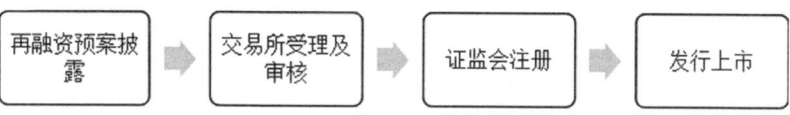

图4-2 再融资的基本流程

首先是再融资预案披露阶段。如果上市公司要开展再融资活动，首先要做的就是披露再融资的相关方案。在这一阶段，上市公司主要会披露再融资预案的提示性公告、证券发行方案及其论证分析报告、募集资金使用可行性分析报告等文件。

其次是交易所受理及审核阶段。上市公司披露其再融资预案后，需要向交易所提交募集说明书申报稿、法律意见书、报告期内审计报告、发行保荐书、上市保荐书等文件。如文件无明显问题，交易所就将正式受理上市公司的再融资申请，并进入审核阶段。在审核阶段，交易所将仔细审核上市公司提交的文件，并向公司发出问询函（如需要），公司需要在规定的时间内回复交易所并对外披露。在交易所审核阶段，上市公司可能会修改再融资方案，例如可能会对发行股份的数量、募投项目等进行调整，上市公司也会及时对外披露调整后的方案。

接下来是证监会注册阶段。虽然再融资事项是由交易所审核，但是在交易所审核通过后，仍需提交证监会进行注册。只有在证监会注册成功，上市公司披露了获得证监会注册批复的公告后，申请再融资事项才算是告一段落。

最后是发行上市阶段。上市公司申请再融资事项结束后，剩下的就是新股发行承销以及上市这两个环节了。在发行承销环节中，上市公司主要披露向特定对象发行股份的提示性公告、发行情况报告书、合规性报告、法律意见书、验资报告等文件。在上市环节，上市公司会披露上市公告书、上市保荐书等文件。

（二）信息披露关注事项

总体而言，再融资信息披露需要关注的事项与重大资产重组比较类似，再融资的必要性、募投项目的可行性和真实性等都是中小投资者需要关注的方面。中小投资者需要重视上市公司披露的再融资预案、募投项目可行性分析等再融资相关公告。在阅读和分析再融资相关公告时，中小投资者还可以从以下几个方面分析。

1. 融资规模

上市公司的再融资规模是中小投资者最应该关注的事项之一，因为再融资规模可能会影响公司股价。上市公司如果选择公开/非公开发行新股，或发行可转债，便意味着未来会有新的股份上市，公司股本规模将会扩大。一旦新股发行规模过大，就很可能导致股份过剩，公司股价自然下跌。

目前，为避免融资规模过大对公司股价造成影响，监管规则明确要求，上市公司申请向特定对象发行股票的，拟发行的股份数量原则上不得超过本次发行前总股本的百分之三十。同时，为避免上市公司频繁开展再融资活动，监管规则明确，上市公司在申请增发、配股、向特定对象发行股票时，本次发行的董事会决议日距离前次募集资金到位日原则上不得少于18个月。

在再融资预案中，上市公司会详细披露本次证券的发行数量、融资间隔、募集资金金额及投向，并说明本次发行是否遵循了"理性融资，合理确定融资规模"的原则。这时，中小投资者可以从前期再融资的规模、同行业公司再融资的开展情况等方面，分析上市公司本次再融资的规模是否存在过大情形，从而避免融资规模过大可能导致的股价下跌风险。

2. 同业竞争

我们曾多次提到上市公司的独立性。上市公司绝对不是实际控制人或大股东的个人资产，上市公司是属于全体股东的。因此，中小投资者需要关注上市公司开展再融资活动后是否会影响其独立性，以避免上市公司完全成为"个人资产"。避免同业竞争正是维护上市公司业务独立性的主要内容。

目前，同业竞争被定义为，公司所从事的业务与其控股股东或实际控制人所控制的其他企业所从事的业务相同或近似，双方构成或可能构成直接或间接的竞争关系。同业竞争的出现很可能导致上市公司与实际控制人、大股东等发生非公平竞争、利益输送等情形，从而影响上市公司的生产经营及独立性，损害中小股东的利益。因此，中小投资者需要格外关注上市公司再融资活动是否会导致或加剧同业竞争，特别是募投项目实施后是否会新增同业竞争的领域或事项。

中小投资者可以通过分析相关募投项目所处行业、客户及供应商情况、产品服务的特点、技术差异等方面，同时考察相关业务是否有替代性、竞争性，以及是否有利益冲突等，以此判断其与上市公司实际控制人、大股东是否存在同业竞争的情况。

第三节 股权激励和员工持股计划

与重大资产重组、再融资类似，股权激励和员工持股计划也是上市公司利用A股市场开展资本运作的重要方式。股权激励和员工持股计划赋予了员工共享公司经营成果的权利，对员工的激励性不言而喻，从而对公司的生产经营及财务状况带来正面效应。

相较于重大资产重组、再融资，股权激励和员工持股计划对上公司的影响有限，对公司股价的影响也往往较小，因此投资者对股权激励或员工持股计划相关公告的关注度也没有特别高。但是，当前非常多的上市公司推出了股权激励和员工持股计划，不排除其中一部分可能存在损害上市公司利益、涉及利益输送的情形。鉴于此，中小投资者还是不能忽视这两类资本运作方式，需要了解一下股权激励和员工持股计划的概念及关注要点。

● 相关概念

股权激励产生于20世纪50年代的美国，其推出之初的目的之一就是激励公司员工，把公司员工的利益同公司的经营情况捆绑在一起。随着股权激励的推出，作为股权激励的另一种形式，员工持股计划也出现在美国。

20世纪80年代，我国开启了股份制改革，出现了内部职工股，这可以被视为股权激励和员工持股计划的初步实践。2005年，中国证监会出台《上市公司股权激励管理办法（试行）》，奠定了我国股权激励制度发展的法律基础。2014年，中国证监会出台了《关于上市公司实施员工持股计划试点的指导意见》，标志着我国的股权激励和员工持股计划正式进入了良性且快速的发展状态。

（一）股权激励

A股监管规则对股权激励的定义：上市公司以本公司股票为标的，对其董事、高级管理人员及其他员工进行的长期性激励。目前，A股常见的股权激励方式为限制性股票和股票期权。

1. 限制性股票

限制性股票指的是上市公司在授予日以低于市场价格授予激励对

象的一种股票,这部分股票会受到一定期限的限制,不能任意抛售。只有满足一定条件后(如公司业绩目标、个人工作年限等),才可以出售。在 A 股市场,限制性股票又可分为以下两类:

一种为第一类限制性股票,这也是最常见的限制性股票。在该类型中,激励对象(如上市公司员工)在授予日按照授予价格出资购买限制性股票,待满足可行权条件后,解锁限制性股票;若未满足可行权条件,则公司按照授予价格回购限制性股票(见图 4-3)。

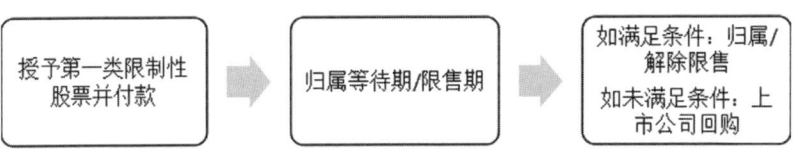

图 4-3　第一类限制性股票的流程

另一种为第二类限制性股票,是创业板和科创板独有的,其与第一类限制性股票最大的差别在于:激励对象在授予日无须出资购买第二类限制性股票,只有在满足条件后才出资认购股票,大大减小了激励对象的资金压力(见图 4-4)。

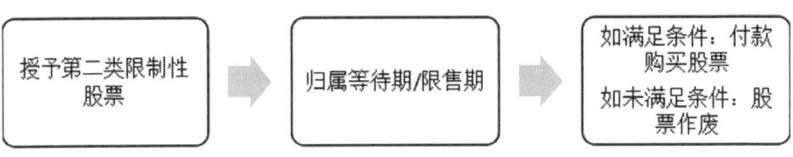

图 4-4　第二类限制性股票的流程

2. 股票期权

股票期权是一个非常有趣的资本市场工具。现代金融学对期权的研究层出不穷,我们甚至可以一整本书都讨论有关期权的概念、交易模式、布莱克-舒尔斯（Black-Scholes）定价模式等。

由于本书的重点并不是期权（也许未来会专门出本书介绍），我们并不会花太多精力讲解期权的原理、模式。现在，我们只需要知道在A股市场的股权激励中，股票期权是指上市公司授予激励对象在未来一定期限内以预先确定的条件购买本公司一定数量股票的权利。换句话说，如果激励对象拥有了股票期权，就可以以预先设定好的价格在未来某一时间购买股票。当公司股价上涨时，预先设定好的价格与公司实际股价之间的差价就是激励对象能获得的收益（见图4-5）。

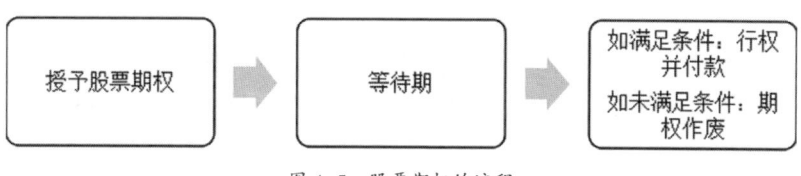

图4-5　股票期权的流程

（二）员工持股计划

目前，监管规则对股权激励的定义为，上市公司根据员工意愿，通过合法方式使员工获得本公司股票并长期持有，按约定将股份权益分配给员工的制度性安排。

本质上，员工持股计划和股权激励没有太多的区别，都是上市公司为了激励公司员工，并绑定公司员工的利益而推出的一种激励工具。员工持股计划的实施程序如图4-6。

图4-6　员工持股计划的流程

相较于股权激励，目前监管规则对员工持股计划的限制相对宽松，这给予了员工持股计划更多的灵活性，也更方便上市公司设置合理的方案。

在激励对象方面，根据监管规则，股权激励的激励对象主要为上市公司董事、监事、高级管理人员及核心技术（业务）人员等。如果该上市公司要选取董事、高级管理人员、核心技术（业务）人员以外的人员成为激励对象，则应在股权激励计划备案材料中逐一分析其与上市公司业务或业绩的关联程度，说明其作为激励对象的合理性。但是，对于员工持股计划的参加对象，监管规则只强调"员工持股计划的参加对象为公司员工，包括管理层人员"。根据公司发展战略、组织结构等需要，上市公司可以自行确定参与员工持股计划的人员范围。

在业绩考核要求方面，上市公司在股权激励方案中需要设置明确的绩效考核要求，营业收入、净利润、每股收益等指标都可能被选取作为业绩考核的标准。但是，在员工持股计划中，上市公司可根据员工持股计划实施的背景、公司发展阶段等具体情况综合考虑，对员工持股计划的业绩考核进行设定。

● 关注要点

股权激励和员工持股计划是一项比较重要的上市公司资本运作方式，虽然其对上市公司的资产结构、公司股价的影响较为有限，但这并不意味着中小投资者就可以"高枕无忧"，忽略相关的信息披露。实际上，股权激励和员工持股计划很可能成为上市公司输送利益、损害中小投资者利益的工具。鉴于此，在阅读和分析股权激励和员工持股计划相关方案时，中小投资者可以从以下方面入手：

1. 考核目标设置是否过于宽松

上市公司可能将营业收入、净利润等作为业绩考核指标。如果设置的目标金额或增长率较历史业绩明显过低，就很可能表明该业绩考核目标并不能发挥激励效果，可能存在刻意设置较低考核指标从而向相关人员输送利益的情形，损害中小投资者的利益。

例如，某公司将业绩考核指标设置为 2020 年、2021 年、2022 年营业收入分别不低于 12.3 亿元、14.5 亿元、18.4 亿元。然而，公司 2019 年实现营业收入 12.24 亿元，2020 年的业绩考核目标仅比 2019 年增长了 600 万元，考核目标设置的合理性存疑。

2. 激励对象及分配规模是否有偏向性

股权激励和员工持股计划的本意是激励上市公司员工，从而对公司的生产经营及财务状况带来正面的效应。但是如果相关方案的激励对象仅局限于少数高管（如董事长、总经理），那么相关方案是否能提升公司员工的工作积极性，从而提高整体的经营业绩就非常值得怀疑。

例如，某公司推出了一项股权激励计划，相关方案显示，本次股权激励的总数是 1,060 万份。在本次授予的不超过 21 人的激励对象中，上市公司的董事长（同时也是公司实际控制人）及总经理分别被授予了 263 万份股票期权，两人合计被授予了 526 万份股票期权，占本次股权激励数量近半的比例。该方案被披露后，引起了市场媒体的高度关注，市场质疑其可能存在利益输送的情形，交易所也第一时间向上市公司发送了关注函。

第五章 公司治理

INFORMATION DISCLOSURE

A 股 上 市 公 司 信 息 披 露 A B C

在前面几章中,我们主要介绍了上市公司披露的各类重要公告。如果中小投资者对一家上市公司感兴趣,想买入其股票,那么大概率第一件事就是去阅读其披露的定期报告,了解其业绩。接下来,可能会去阅读公司最近披露的各种临时公告,看看是否有什么重大事项。可以说,公告是上市公司信息披露的门面,是中小投资者了解上市公司的首要渠道。从某种程度上来说,上市公司的公告甚至决定了投资者会不会买入或者卖出公司股票。

相较于"看得见"的公司公告,公司治理(Corporate Governance)属于"看不见"的事项。如果说公告是上市公司信息披露的门面,那么公司治理就是上市公司信息披露的支柱。公司治理决定了公告内容的可靠性、准确性,决定了上市公司信息披露的质量。

公司治理是一个非常广阔且专业的领域,其涵盖的内容不仅仅包括上市公司信息披露。尽管中小投资者可能听说过"公司治理"这个词,但却不了解公司治理的具体内容和概念。鉴于此,在这一章,我们会聚焦于与上市公司信息披露有关的公司治理的基本内容,介绍公司治理的概念、框架等方面。

第一节 公司治理的基本概念

有一部名为《天下第一楼》的话剧曾经相当火爆,我在北京工作时有幸看过一场。这部剧主要讲述了在清末民初的北京,一家家族代代经营的老字号烤鸭店生意上的起起伏伏。其中,主要的一幕就是这家祖祖辈辈经营的烤鸭店在生意岌岌可危的时候,店老板(东家)请来了一位精明干练的店长（掌柜）。在这位店长的带领下，烤鸭店一扫之前生意衰败的景象，又焕发出了生机。但是，最后由于店老板与店长出现了矛盾，烤鸭店的生意一落千丈，从此一蹶不振。这部剧里有句"谁是主人谁是客"的台词，正好体现了公司治理想要解决的问题，即如何解决企业所有权（股东权利）与经营权（管理层权力）分离所带来的问题，从而确保企业的长期发展和所有利益相关者的权益。

公司治理可以划分为狭义和广义两个维度。狭义的公司治理指的是所有者（主要是股东）对经营者的监督与制衡机制，即通过制度安排合理界定和配置所有者与经营者之间的权利与责任关系，目标是保证股东利益的最大化，防止经营者损害所有者的利益。广义的公司治理则是指通过各类制度协调公司与所有利益相关者（包括股东、债权人、员工、潜在投资者等）的利益关系，以保证公司决策的科学性和有效性，维护公司整体利益。此外，根据运行环境和机制的不同，公司治理可以分为内部公司治理和外部公司治理。内部公司治理关注股东大会、董事会、监事会及经理层之间的权力分配与监督制衡，而外部公司治理则涉及政府监管、市场机制、法律法规以及公众媒体等方面的监督和约束。

公司治理对于上市公司规范、高效、透明运作至关重要，有效的治理结构是确保公司长期稳定发展的关键。公司治理运作正常意味着公司所有权与经营权之间能实现较好的权力分配。最重要的是，公司治理可以使得内部、外部的监督机制有效运行，实际控制人、公司董监高等各方可以相互制衡，确保上市公司以及中小股东的利益不受损害。

中小投资者在买入上市公司股份后，自然就成为上市公司的股东，拥有了上市公司的一部分所有权（虽然是很小的一部分）。只有上市公司发展壮大，中小投资者的投资回报才能丰厚，这也是为什么中小投资者应该特别关注上市公司的公司治理水平。当上市公司拥有较佳的公司治理水平时，该公司的信息披露质量自然也会得到较大的保障，从而吸引更多投资者，公司投资价值也会得到较大的提升。毕竟，谁不想投资一个规范、高效、透明的上市公司呢？

第二节　上市公司的公司治理

相较于非上市企业，上市公司的公司治理水平还是比较高的。上市公司属于各行各业的翘楚楷模（至少在刚开始上市时），规范运作意识较高。更重要的是，监管规则对上市公司的公司治理有明确且高标准的要求，例如要求上市公司必须设置"三会"制度（股东会、董事会、监事会）和独立董事制度，而这些制度是绝大部分非上市企业所不具备的。例如，路边的炒粉店一般就是老板或者老板娘一个人说了算，从没听说哪家路边店有"三会"制度或者独立董事。在《繁花》这部剧中，宝总和玲子一起开办的"夜东京"，也只设立了股东会，但没听说有监事会或者独立董事。

监管规则对上市公司的公司治理有如此高的标准，原因之一是公司治理水平决定了信息披露的质量，也关系到上市公司能否在A股资本市场大展宏图，充分利用资本市场这一平台进行资本运作、发展壮大。公司治理想解决的难题也正是影响信息披露质量的关键所在。具体来看，有以下几个方面：

一是公司治理对控股股东有约束作用。控股股东或者公司实际控制人拥有了公司的控制权，把握着公司未来经营、发展目标的重要方向。然而，不少控股股东或实际控制人可能会以财务造假、资金占用等各种方式将属于全体股东的利益归为己有，迫使上市公司披露虚假的财务报告。由于中小投资者往往持股数量较少，在公司没有决策权，无法约束和监督公司的控股股东、管理层等，而一旦上市公司的公司治理失效，缺少了必要的内部和外部监督机制，公司控股股东就更有可能"为所欲为"，直接掏空上市公司资产，使得上市公司迎来退市的命运，中小投资者的利益受到重创。

二是公司治理对规范运作有促进作用。有效的公司治理可以保障上市公司"三会"正常运作，发挥作用，而"三会"对公司规范运作起到决定性的作用，对上市公司信息披露质量有着非常重要的影响。例如，上市公司董事会中会设置独立董事，这些独董具有相当高的独立性，可以较为有效地监督包括控股股东在内的公司各方，提高上市公司相关公告的可靠性。

三是公司治理对管理层有激励作用。管理层激励是公司治理的重要组成部分，如上市公司设置了股权激励、员工持股计划等激励机制，并设置合理的考核方式，促使管理层在工作中把公司利益和自身利益结合起来。这种方式既能把管理层管理公司的能力充分挖掘出来，又能保证公司运行的规范有序，从而对信息披露的质量起到保障作用。

由此可见，公司治理与上市公司信息披露息息相关，再一次体现了投资治理水平高、规范运作意识强的上市公司的重要性。其中，控股股东/实际控制人、"三会"、独立董事等公司内部架构是上市公司公司治理制度的重要组成部分，也是最能够影响上市公司信息披露质量的部分。下面，我们会着重介绍这些内部架构。

● 上市公司的控股股东/实际控制人

在本书中，我们多次强调了中小投资者在投资上市公司前，要务必关注该公司的控股股东/实际控制人。毫无疑问，控股股东/实际控制人是上市公司的"掌舵人"。正所谓"上梁不正，下梁必歪"，控股股东/实际控制人的自身水平基本上就决定了上市公司的发展前景，也会对上市公司的信息披露行为产生重大影响力。

一般来讲，控股股东的定义还是比较好理解的。谁持有的上市公司股份最多，谁就是控股股东。在我国的法律规范中，控股股东的定义标准较为统一，主要有以下两条：

（1）持有的股份占公司股本总额50%以上的股东，即绝对控股股东；

（2）持有股份的比例虽然不足50%，但依其持有的股份所享有的表决权已足以对股东大会的决议产生重大影响的股东，即相对控股股东。

相较于控股股东，实际控制人的定义比较复杂，可能会让中小投资者感到困惑。在2018年的《公司法》中，实际控制人被定义为虽不是公司的股东，但通过投资关系、协议或者其他安排能够实际支配公司行为的人。根据这一表述，控股股东与实际控制人明显不能混为一谈。这一表述经常引起各类争议，也是容易让中小投资者产生疑问的主要原因。2023年新修订的《公司法》将实际控制人定义中"虽不是公司的股东"这一表述删除，使得实际控制人的定义更加清晰明了。简单来说，谁能控制公司，谁就是实际控制人。

中小投资者有时也可能对控股股东和实际控制人的具体区别不太清楚。控股股东强调的是持股数量，聚焦于一种直接控股的关系，这种直接控股的关系往往能实现对公司的实际支配；而实际控制人侧重的是控制能力，聚焦于实际支配公司行为的结果，而其支配公司行为的形式多种多样，可以通过在公司直接持股，成为控股股东的方式控制公司，也可以通过间接持股、委托代持等方式控制公司。例如，A分别持有B公司和C公司51%的股权，能够对B、C进行控制；B公司和C公司又分别持有D公司30%的股权，合计持有60%的股权。虽然A未持有D公司的股份，但是通过其控制的B公司和C公司，A取得了对D公司的控制，成为D公司的实际控制人（如图5-1）。

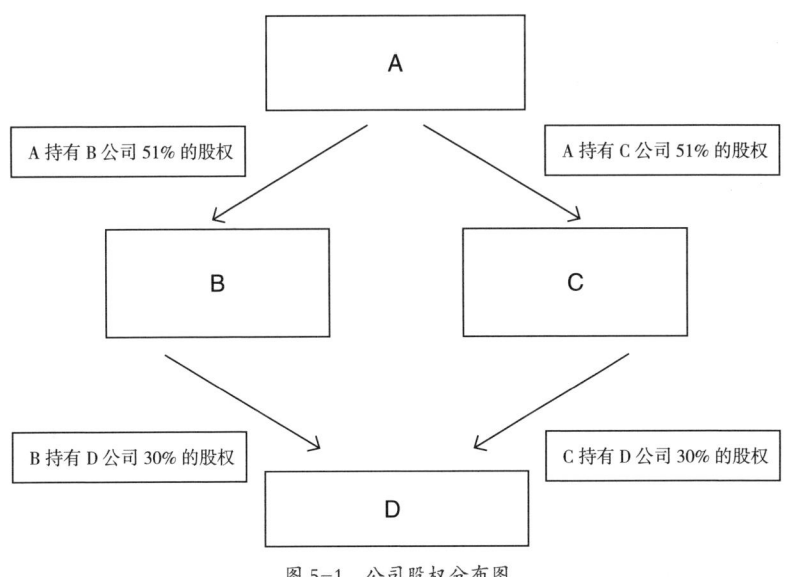

图5-1 公司股权分布图

不过，中小投资者不用在控股股东和实际控制人的区别上花太多心思，因为上市公司的股权结构较为透明，监管机构也明确禁止委托代持公司股份的情形。对于上市公司而言，控股和持有公司控制权一般不发生分离，控股股东往往与实际控制人是同一主体。

控股股东/实际控制人对上市公司的信息披露、规范运作、生产经营等方面都具有极大的影响力。因此，监管机构对这两方极为关注，并设置了严格的信息披露要求。例如，创业板相关规则中要求，当出现以下情形时，需要及时进行公告：

（1）实际控制人从事与公司相同或者相似业务的情况发生较大变化；

（2）拟对上市公司进行重大资产重组、债务重组或者业务重组；

（3）因经营状况恶化进入破产或者解散程序；

（4）出现与控股股东、实际控制人有关传闻，可能对上市公司股票及其衍生品种交易价格产生较大影响。

控股股东/实际控制人的任何风吹草动都会引来各方的关注。一般来说，控股股东/实际控制人披露的公告会对上市公司股价造成较大的影响，市场各方都会关注公告内容是否对上市公司发展有利。因此，中小投资者需要格外关注上市公司的控股股东/实际控制人披露的公告，仔细分析公告内容及细节，判断其是否有利于上市公司的发展。

● "三会"制度

健全的"三会"制度是上市公司规范运作的基本要求，董事会、监事会、股东会是公司治理结构中最核心的部分。其中，股东会是公司的最高权力机构,是公司经营的掌舵者;董事会是股东会的执行机构,是公司日常经营管理事务的决策者;监事会则是公司经营治理层的监督机构,是权力的监督者。三方相辅相成,有助于实现公司治理的"科学决策、高效运营、有效控制",促进公司实现战略目标及可持续发展。可以说,"三会"制度是上市公司规范运作最坚实的保障。

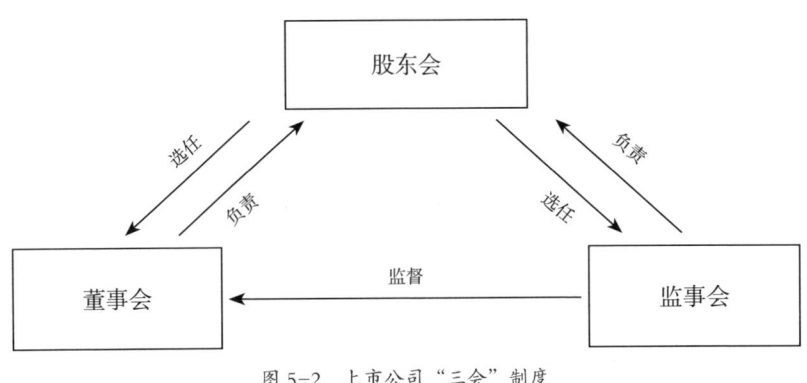

图 5-2 上市公司"三会"制度

一家优秀的上市公司必须具备完善的公司治理结构。董事会由全体股东选举产生,拥有公司日常事务的决策权;监事会成员也由股东大会选举产生,负责监督董事会。董事会和监事会都直接向股东大会负责。下面,我们逐一介绍"三会"。

(一)股东大会

股东大会是公司治理结构的中心,其在上市公司"三会"制度中处于最高地位,拥有对上市公司的治理权。股东大会有权任免法定代表人、董事、监事和高级管理人员,有权决定公司的机构设置及其职权。可以说,股东会是为公司股票投资者(股东)专门设置的权力机构，公司股东通过股东会把握公司发展方向，保证股东才是公司真正的"主人"。

鉴于股东会的权威性，上市公司各类重大事项都需要股东会审议通过后才能实施。例如，选举和更换董监事、决定董监事的报酬、审议利润分配和弥补亏损方案、聘用或解聘会计师事务所、批准变更募集资金用途事项、审议股权激励计划和员工持股计划等投资者常见的上市公司事项，都需要获得出席股东大会的股东所持表决权的1/2以上通过。此外，法律法规还将部分极其重要的事项规定为特别决议，主要有以下方面：

（1）增加或者减少注册资本；

（2）合并、分立、解散、清算或者变更公司形式；

（3）修改公司章程；

（4）上市公司购买、出售资产或担保金额超过总资产的30%。

针对上述特别决议，应当由出席股东大会的股东所持表决权的2/3以上通过。

在股东会顺利召开后，上市公司会及时披露股东会决议公告，并在其中详细披露各项决议的投票结果。此外，监管规则还设置了中小投资者单独计票机制。如果审议事项中有可能影响中小投资者利益的重大事项，则上市公司还应当对除上市公司董事、监事、高级管理人员以及单独或合计持有上市公司5%以上股份的股东以外的其他股东的表决单独计票并披露。一般来讲，如果股东会决议公告中出现相关审议事项被否决的情况，那么很可能表明该上市公司在公司治理方面存在一定的问题，需要中小投资者予以高度重视。

例如，当公司股东已经对上市公司内部治理失去信心，怀疑上市公司可能存在向公司关联方输送利益的情况时，就很可能投反对票。某上市公司召开年度股东大会，其中一项议案为 2023 年日常关联交易情况及 2024 年日常关联交易计划，在控股股东、关联股东回避表决的情况下，议案遭到中小股东投票否决，反对股份占有效表决股份总数的 74.72%。再如，当上市公司股东之间存在"内斗"时，也很有可能出现否决情形。某上市公司的大股东和二股东之间矛盾重重。在该公司召开年度股东大会中，公司董事会提交审议的《2022 年年度报告及其摘要》《2022 年年度董事会工作报告》等 17 项议案均未获通过，主要原因就是第二大股东及多位中小股东投出了反对票。

当出现否决结果时，还可能表明上市公司存在较高的退市风险。2024 年 5 月 22 日，某上市公司的年度股东大会审议了包括《关于公司 2023 年年度财务决算报告的议案》《关于公司 2023 年年度利润分配预案的议案》《关于公司 2023 年年度报告及其摘要的议案》在内的 10 项议案。但该 10 项议案均被否决，全部未获通过。最后，该公司因触及"面值退市"，告别了 A 股市场。

必须强调的是，即使相关审议事项未被否决，如果在中小投资者单独计票机制下，中小投资者的反对票数较多，则也可能表明相关事项存在损害中小投资者利益的情形，投资者需要留心关注。

除了需由股东会审议表决的事项外，中小投资者还应关注股东大会的召开程序、通知时间等方面，确保不会错失参与投票的机会。

（二）董事会

董事会是公司业务的执行机构，负责对公司日常经营的管理，拥有对上市公司的经营权。董事会的职责主要是制定公司的发展方向、监督公司日常运作、对管理层进行考核、实施奖惩措施以及选聘或更换管理层等方面，相较于股东大会的职责来讲，董事会的工作更为具体。

董事会的成员被称为董事，由股东大会通过投票选举产生。鉴于董事会的重要性，上市公司的控股股东或实际控制人往往会自己或让其亲信担任董事或董事长，并在董事会中占据多数席位。为了避免董事会完全沦为控股股东或实际控制人的"橡皮图章"，更好地保护中小投资者，董事会内部还设置了独立董事制度和专门委员会制度。关于独立董事制度，我们会在后面具体讲述。下面，我们先介绍专门委员会制度。

上市公司的董事会下设四个专门委员会，分别是战略委员会、薪酬与考核委员会、审计委员会和提名委员会，这些委员会在上市公司的决策和管理过程中起着重要的作用。其中，最需要中小投资者关注的是审计委员会。审计委员会主要负责监督公司的财务报告和内部控制情况，对公司合规经营起到非常重要的作用。例如，监管规定要求，上市公司在披露定期报告前，须经审计委员会同意后才能将财务报告提交公司董事会审议，上市公司还会及时披露审计委员会的书面审核意见。在选聘年审会计师事务所时，审计委员会需要审查相关选聘文件，监督选聘过程。

此外，审计委员会的成员组成也进一步体现了监督作用。法律法规要求，独立董事需占据审计委员会的多数席位，且担任委员会召集人的一定是会计专业领域的独立董事。这种成员组成设置进一步加强了审计委员会的专业性和独立性，尽可能避免了董事会完全被控股股东或实际控制人操纵，也减少了上市公司发生财务造假或资金占用的可能性。

独立董事和专门委员会的设置，从法律层面上体现了董事会在公司治理中的重要性。事实上，相对于股东大会，中小投资者可能对董事会更加熟悉，也会对董事会决议更感兴趣。这是因为上市公司的重大事项往往先由董事会审议，通过后再提请股东大会审议。因此，董事会决议公告往往是上市公司首次披露相关重大事项的时点，对公司股价的影响极大。

（三）监事会

在"三会"制度中，监事会的作用长期备受争议。监事会的作用就是监督，即检查公司财务、有权对董高提出罢免案、监督董高行为是否忠实勤勉等。但实际上，监事会经常难以发挥其监督作用，往往沦为摆设，成为"橡皮图章"，甚至大多数时候监事自己都不知晓监事职务的真正含义，更别提发挥监事的监督作用了。监事会的实际作用较低，主要有以下方面原因：

1. 监事会的人选问题

目前，根据相关法律规定，公司监事会应当包括股东代表和适当比例的职工代表，其中职工代表的比例不得低于1/3，具体比例由公司章程规定。这表明监事会的人选主要由股东选派的代表及公司职工组成。对于股东选派的人选，谁的股份多，能在股东会中具有主导权，也就能决定由谁担任公司监事。股东选派的监事很容易成为大股东，特别是控股股东的"随从"。这种情况下，这些监事难以真正履行其监督义务，甚至可能存在保护其委派股东的利益、忽视或纵容其不当行为的现象。

对于由公司职工产生出的监事，在员工与公司之间存在劳动关系的前提下，本身就存在上下级支配的问题。员工作为监事，监督董事的职务行为存在明显问题，导致监事会的独立性大打折扣，难以有效监督上市公司董事会及高级管理人员。

2. 监事会的财务问题

监事会的正常运作自然需要财务支持，而法律法规明确要求监事会行使职权所必需的费用由公司承担。但是，现实情况是，公司财务通常掌握在董事会等公司管理层手中，这导致监事会行使监督职责所需经费必然受制于公司管理层，从而严重影响了监事会履行监督职责的独立性和有效性。

鉴于监事会存在的问题，2023年新《公司法》对于监事会制度进行了相当大的改革。特别是对于上市公司，监事会的角色和职能主要被各审计委员会和强化后的独立董事所替代。上市公司在设置了审计委员会后，就可以不用再设置监事会。对于A股投资者而言，"三会"制度中的监事会已经成为历史，审计委员会和独立董事成为最需要关注的事项。

● 独立董事制度

独立董事是公司治理领域的一个极为重要的制度，对提高上市公司运作的规范性和信息披露的质量都起到了举足轻重的作用。可以说，独立董事的诞生就是为了更好地保证上市公司的利益不受控股股东或实际控制人等的损害，从而保护中小投资者的利益。在上市公司内部，独立董事是中小投资者最值得依靠的对象。

（一）独立董事制度的由来

A股资本市场建立初期，由于控股股东操纵上市公司等问题较为突出，而监事会又未能很好地发挥监督作用，很多人呼吁借鉴境外市场经验,在上市公司建立独立董事制度。恰逢我国处于加入世界贸易组织的关键阶段,独立董事制度便成为我国上市公司治理改革的突破口之一。

2001年,中国证监会发布《关于在上市公司建立独立董事制度的指导意见》,要求上市公司全面建立独立董事制度。2005年修订的《公司法》在法律层面正式确立了上市公司独立董事制度。经过多年发展,独立董事制度已经成为我国上市公司治理结构的重要一环。2021年,在康美药业财务造假案中,5名独立董事被判承担上亿元连带赔偿责任,这一事件引发了各方对独立董事制度的广泛讨论,也暴露出我国独立董事制度存在一定问题。部分独立董事因消极履职而被戏称为"花瓶董事",甚至有部分独立董事看似"独立",实际却与控股股东、实际控制人、其他董监高等一起形成小群体,严重侵害上市公司和中小投资者的利益。

2023年8月,证监会正式发布《上市公司独立董事管理办法》,旨在有针对性地解决独立董事定位不清晰、权利义务不对等、监督手段不充分等根本性问题,赋予独立董事更大的话语权,也对独立董事提出了更高的要求。

(二)上市公司独立董事制度概况

简单来说,独立董事就是董事会中一批"特殊"的董事。设置独立董事的最大意义是对公司大股东进行制衡、对董事会的决策进行监督,从而保护上市公司中小投资者的利益和上市公司的整体利益。

之所以独立董事制度能够保护中小投资者的利益,是因为独立董事中的"独立"两字。法律法规明确要求,独立董事除了在上市公司担任董事以外不会担任其他职务,并且独立董事与其所受聘的上市公司及其控股股东、实际控制人不存在利害关系。独立董事在董事会中独立履行其职责，不受上市公司的控股股东、实际控制人等单位或个人的影响。此外，独立董事往往是具备会计、法律、经济等专业知识的人士，主要来自高校、科研机构、会计师或法律事务所等，具有一定的社会声望，这也使得独立董事更为注重勤勉尽责。

在前文中，我们提到了"三会"制度中的监事会。虽然独立董事和监事会都有监督作用，但相较于上市公司监事会，独立董事有以下几个优势：

一是独立董事是全过程的监督。独立董事作为董事会成员，其充分参与到了上市公司董事会决策的各个环节，对董事会决策过程进行事前、事中、事后的全面监督，从而及时、有效阻止控股股东或实际控制人对上市公司的侵害。但是监事并不是董事会成员，其在董事会没有决策权，无法全程参与决策过程。监事仅能以事后的方式对董事会进行监督，监督效果明显不如独立董事。

二是独立董事是直接的监督。独立董事可以直接通过其在董事会中的投票权对董事会审议事项进行监督和干涉。同时，法律法规还授予了独立董事多项重大权利，如对重大交易的认可权、发表独立意见的权利等。相较之下，监事更多是通过列席董事会或形成监事会决议进行间接监督。

三是独立董事是独立的监督。正如前文所述，独立董事最核心的特点就是"独立"。独立董事由于具有外部性、独立性，也不在上市公司担任具体的管理执行工作，往往能够减少控股股东或实际控制人损害上市公司利益的可能性。例如，某上市公司发布公告称，其控股股东公司占用资金3,000多万元，至今仍未归还。对此，公司独立董事发出督促函，申请召开专项会议，并以面谈、通信等方式，敦促控股股东尽快归还占款，并跟踪事项进展。再如，某上市公司独立董事就关于前期会计差错更正和定期报告相关事项发出专项意见，督促公司完善财务业务内部控制制度，提升会计核算和财务管理的能力。

（三）独立董事与上市公司信息披露

毫无疑问，独立董事可以极大地提高上市公司信息披露质量，引导上市公司规范运作。这不仅仅是因为前文中提到的独立董事履行的是全过程、直接且独立的监督，更多是因为监管规则赋予了独立董事相当多的权力，将独立董事武装起来，剑指损害上市公司利益的行为。

1. 履职平台

2023年独立董事制度改革的重点之一就是为独立董事搭建专门平台，促进独立董事从个人履职向依托组织履职转变。监管规则明确要求上市公司建立独立董事占多数的审计委员会，并鼓励设置提名、薪酬与考核等其他委员会。

此外，上市公司还须建立独立董事专门会议机制，这个会议由全体独立董事参加。通过设置上述以独立董事为主导的履职平台，依靠"集体力量"，使独立董事能够依托组织更好地发挥监督作用。

2. 特别权力

不同于董事会中的普通董事，独立董事的责任重点在于"监督"，这便注定了独立董事需要拥有与其他董事不同的"特别权力"。基本上，这些"特别权力"都与上市公司的信息披露息息相关。例如，监管规则明确要求，对于部分重大事项，独立董事可在董事会审议前依托履职平台进行事前认可。下列事项应当经审计委员会全体成员过半数同意后，提交董事会审议：

（1）披露财务会计报告及定期报告中的财务信息、内部控制评价报告；

（2）聘用或者解聘承办上市公司审计业务的会计师事务所；

（3）聘任或者解聘上市公司的财务负责人；

（4）因会计准则变更以外的原因做出会计政策、会计估计变更或者重大会计差错更正。

下列事项应当经上市公司全体独立董事过半数同意后，才能提交董事会审议：

（1）应当披露的关联交易；

（2）上市公司及相关方变更或者豁免承诺的方案；

（3）被收购的上市公司董事会针对收购所做出的决策及采取的措施；

此外，独立董事还拥有以下特别职权：

（1）独立聘请中介机构，对上市公司的具体事项进行审计、咨询或者核查；

（2）向董事会提议召开临时股东大会；

（3）提议召开董事会会议；

（4）依法公开向股东征集股东权利；

（5）对可能损害上市公司或者中小股东权益的事项发表独立意见。

监管规则为独立董事专门搭建了履职平台，并赋予其各项特别权力，独立董事的重要性不言而喻。中小投资者应该特别关注与上市公司独立董事相关的公告，特别是独立董事的异议意见。

当独立董事对董事会议案投反对票或者弃权票时，上市公司会及时披露独立董事的异议意见，并在相关公告中说明具体理由及依据、议案所涉事项的合法合规性、可能存在的风险以及对上市公司和中小股东权益的影响等。这时，中小投资者应该关注独立董事异议的理由，判断其是否暗示甚至明示上市公司存在财务造假、资金占用等严重违规情形，是否表明相关交易存在严重异常，损害中小投资者的利益。

例如，某上市公司披露公告称，某独立董事对该公司2023年年报提出异议，并在董事会决议中投出反对票。该独立董事称，公司在识别及披露关联方及关联交易的内部控制上存在重大缺陷，无法保证关联方及其交易的识别和执行相关的审批和披露工作，已不完全具备为形成和披露客观、公允的财务报告相关信息提供合理保证的功能。因此，该独立董事无法完全、合理保证公司所披露的2023年年度报告的相关信息的真实性、准确性和完整性。随后，该公司收到了中国证监会的立案告知书，公司股票也被实施了退市风险警示。

中小投资者还可以关注随着上市公司年报一同披露的独立董事年度述职报告。在述职报告中，独立董事会详细说明其全年出席董事会的方式、次数及投票情况，向公司提出建议和发表独立意见的情况，行使特别职权的情况等方面。通过述职报告，中小投资者可以很方便地了解独立董事的履职情况，如发现有独立董事没有勤勉尽责，可以及时向上市公司或者监管机构反映。

第三节 公司治理失效的案例

公司治理一旦失效，对上市公司的影响是巨大的。无论是公司的生产经营，还是股价表现，都会受到公司治理失效严重的负面影响。这也是我们多次强调公司治理重要性的原因所在。中小投资者在投资前应当关注上市公司的公司治理水平，以及是否存在公司治理失效的风险。在前面几个章节中，我们已多次提到了财务造假、资金占用等公司治理失效导致的违规情形。下面，我们将继续介绍公司治理失效的相关案例。

● 控制权争夺

控制权争夺是公司治理失效最典型的案例之一，主要的形式是争夺公司董事会控制权。值得指出的是，控制权争夺不同于普通的控制权转让，控制权争夺的关键在于出现了"撕破脸"的情形，各方都认为自己有权控制上市公司。

控制权争夺对上市公司的影响是极其严重的。发生控制权争夺的上市公司的内部治理结构往往不稳定，内控制度执行弱化，决策机制也会失灵，经营思路与方向模糊。同时，上市公司的整体形象也会受损，负面新闻不断，最终严重影响股价，损害投资者，特别是中小投资者的利益。

近几年，A股上市公司发生控制权争夺的案例不少。部分上市公司股东为争夺控制权，将公司治理完全"抛之脑后"，甚至在股权争夺中出现"双头董事会"和"双套公章"的情况，致使上市公司治理内耗。一旦出现控制权争夺情形，就意味着上市公司的公司治理已经失效，中小投资者应该谨慎考虑是否投资该公司。具体来看，以下情况很可能引发控制权争夺：

一是股东持股比例接近。例如，某上市公司的第一大股东 X 公司（持股比例 18.16%）与第二大股东 Y 公司及其一致行动人（持股比例 17.21%）持股比例接近，多次争夺股东大会的召集权，以谋求在董事会中占据多数席位。

二是股权转让违约失信。该情形主要发生在股权转让期间，当新老股东对股权转让约定条件、业绩承诺等存有争议，双方各自主张权利并相互抗衡时，就很有可能发生控制权争夺。例如，2019 年 8 月，某上市公司原实际控制人将其所持股份协议出让，公司控股股东发生变更。2020 年 9 月以来，因受让方（即新控股股东）未支付剩余股权转让款，而出让方（即原实际控制人）未履行业绩补偿承诺，双方出现纠纷并分别申请冻结对方股份。同时，新股东控制了公司的合同专用章，而老股东控制了公司公章，双方互不配合，对生产经营造成了重大影响。

三是表决权委托存在争议。在之前章节中，我们特别提到了表决权委托可能存在的风险。如果上市公司控股股东或实际控制人在表决权委托期间随意变更相关协议，而双方对协议解除安排、违约责任等又约定不明，就非常容易引发双方对表决权归属产生争议，继而发生控制权争夺。例如，2020 年 4 月，某上市公司原控股股东将所持有的占公司总股本 19.98% 股份的表决权不可撤销地委托给 Z 公司行使，公司控股股东、实际控制人发生变更。2021 年 4 月，原实际控制人方单方面提出解除协议，并向法院起诉要求解除协议，受托方对此存在异议，双方就表决权争议事项诉诸法律。在此期间，公司形成了由新老实际控制人分别主导的两个董事会、两个监事会的组织结构，引发了舆论媒体的高度关注，公司股价也长期低迷。

● 子公司失控

由于上市公司的规模和实力往往较强，其拥有多家子公司的情况还是比较常见的。特别是不少上市公司通过并购重组的方式将前景好、潜力强的公司纳入自己的麾下，促进自身的转型升级和盈利提升，但是这也给上市公司整合带来挑战。正如人类社会中还存在父母与子女"反目为仇"的情况一样，近年来，由于上市公司在并购后无法对重组标的进行有效管控，导致子公司失控的案例呈增长趋势。当上市公司失去对子公司的有效管理时，子公司便陷入失控状态，甚至导致母公司和子公司"打得不可开交"。

子公司失控实际上就是上市公司（母公司）失去了对子公司实际的经营权、控制权，意味着上市公司公司治理的严重失效，往往会对上市公司和投资者造成严重影响。一旦失去了对子公司的控制，上市公司便不能再将相关子公司纳入合并报表范围（控制是纳入的前提），子公司的总资产、营业收入等不再与上市公司合并计算，这将导致上市公司的资产规模、经营业绩等受到严重影响，影响其经营的稳定性与股价。此外，如果子公司不配合上市公司的年审会计师工作，导致上市公司无法及时披露年报，则还会触及规范类退市风险情形，最终严重损害中小投资者的利益。

子公司失控主要有以下几种表现形式：

一是子公司经营管理脱离控制。在正常情况下，上市公司应当对子公司拥有实际经营权，子公司应当遵从上市公司股东大会、董事会等的指令。但是，当子公司失控时，很可能出现子公司拒不执行母公司董事会决议，拒绝向母公司提供公章证照、财务资料和人事档案等重要企业资料等情况。例如，某上市公司于2016年收购的一家子公司，曾是该上市公司重要的业绩支柱。2019年，该上市公司披露公告称，该子公司陷入失控状态，子公司部分管理层人员采取不服从、不配合、不接触等态度，拒绝接受上市公司对子公司的决定，甚至出现了子公司拒绝上市公司人员进入办公场所的极端情况。

二是子公司财务核算脱离控制。上市公司将子公司并购入自己的商业版图后，总会希望子公司能给上市公司带来丰厚的收益。但有时现实是比较残酷的，每年都有不少子公司财务核算脱离上市公司控制，发生财务造假的案例。由于子公司的财务数据会被纳入上市公司的合并财务报表范围，上市公司应当确保子公司财务状况真实、准确、完整。一旦子公司发生财务造假，就意味着上市公司的财务报表也存在虚假记载，往往会对上市公司造成非常严重的影响。例如，中国证监会对某上市公司出具《行政处罚事先告知书》，称该上市公司的子公司在2018年至2021年期间，通过少结转成本、少记费用等方式虚增存货、利润。最终，该上市公司被强制退市。

● 违规担保

在日常经营过程中，上市公司以自己的名义和财产为第三方债务提供担保是较为常见的。上市公司时不时会披露一些对外担保的公告，这些担保主要是为了提供融资支持、促进商业合作等。比如，在商业合作中，为了满足合作方的要求或者体现合作诚意，上市公司可能会为合作方提供担保，从而达成双方的合作。

当前，监管规则明确要求，所有担保均须经董事会审议，且下列事项需经股东大会审议：

（1）担保总额超过最近一期经审计净资产50%以后提供的任何担保；

（2）为资产负债率超过70%的担保对象提供的担保；

（3）单笔担保额超过最近一期经审计净资产10%的担保；

（4）向股东、实际控制人及其关联方提供的担保；

（5）担保总额达到或超过最近一期经审计总资产30%以后提供的任何担保；

（6）连续12个月内担保金额超过最近一期经审计净资产50%且绝对金额超过5,000万元。

上市公司对外提供担保，相当于为债务人"做背书"。一旦债务人不能履行到期债务，上市公司就不得不帮债务人向债权人清偿债务。然而，部分上市公司的控股股东或实际控制人，出于资金短缺等各类原因，利用其在上市公司的特殊地位，使本应当严格由董事会、股东大会审议的担保事项却未被审议，严重违背了担保审议程序要求，违规让上市公司为其提供担保。由于这类控股股东或实际控制人往往自身已"债台高筑"，资金流极为紧张，一旦其无法按时清偿债务，最后就有可能由上市公司"买单"，严重损害了中小投资者的利益。

例如，某上市公司控股股东利用其担任公司时任董事长的身份，私自使用公司公章为其相关债务提供担保，违规担保金额超过3亿元，显示出该公司的公司治理结构极其混乱，内部监督基本失效。最终，该公司股价持续下跌，并迎来了退市的命运。

再如，某上市公司的实际控制人，在未经上市公司审议程序和信息披露的情况下，在担保函上加盖公司公章，为自己的关联方提供10亿元担保。最终，该实际控制人被交易所给予五年内不适合担任上市公司董事、监事、高级管理人员的处分。

后记

INFORMATION DISCLOSURE

A 股 上 市 公 司 信 息 披 露 A B C

A股资本市场已历经三十余年的发展，可以说A股市场经过那么多风风雨雨，从无到有，很不容易。截至目前，沪深两市已有五千余家上市公司，对社会经济发展有非常大的影响力。记得在大学时代，我们在上会计课时，每当伯克希尔·哈撒韦公司（Berkshire Hathaway，巴菲特执掌的企业）召开股东大会时，老师都会让我们读一下巴菲特致股东的信。我记得，在其中的一封信中，巴菲特曾言简意赅地指出，投资股市就是投资国家。中国经济蓬勃发展的态势有目共睹，而作为中国经济的晴雨表，坚持投资A股，无疑是共享国家经济发展红利的有效途径。

我的父母也算是中国资本市场发展初期浪潮中的先行者。我的父亲是陕西西安人，母亲是吉林长春人。20世纪80年代，我的父亲、母亲从北京航空航天大学毕业后，来到了深圳，赶上了深圳高速发展的黄金时期。有的时候，我的母亲还会和我讲述"810风波"。当时为了抢购新股抽签表，深交所门口聚集起上万的人群，我的母亲本也想去抢购一波，但由于排队人数太多，她只能放弃。不过，面对绵延不绝的队伍，她灵机一动，买了几箱矿泉水，贩卖给了排队人群，意外地获得了一笔不小的收入。我的父母是深圳乃至全国资本市场发展历程的见证者。仔细想想，我决定从事与资本市场相关的工作，无疑深受他们经历的影响。

深圳是我出生、成长的地方。我的小学和初中是在深圳蔡屋围，每天上下学的路上，都会看到深交所的老楼，这座老楼在当时看起来非常宏伟，这让当时的我感觉资本市场非常"高大上"，也非常神秘。高中毕业后，我前往美国加利福尼亚州求学。飞机刚抵达洛杉矶的时候，我第一感受就是洛杉矶有点"村"，没什么高楼。在入学第一天的晚上，一半出于对异国生活的害怕，一半由于想家，自己躲在被子里流泪，感觉房间格外冰冷。但最后却也坚持了下来，在美国学习生活了近六年。本科阶段，我最开始学习的是应用数学，后面又学了统计，但总感觉自己还是要学习金融相关的知识。于是，又辅修了会计学，这也让我离资本市场更近了一步。待到研究生毕业，在同班同学的影响与自己的深思熟虑之下，我决定从事与资本市场相关的工作。

这本书的推出需要感谢非常多的人。首先，要感谢我的父母，感谢他们对我的呵护与关爱，让我得以健康成长。父母对我的影响非常大，我从事金融行业相关工作也算是跟随他们的脚步。其次，要感谢我的妻子，她是一位非常温柔善良的女孩，我与她的相遇非常符合"偶像剧"的剧情。她一直默默鼓励我、支持我，让我可以做一些"突发奇想"的事情，是她让我对未来充满了希望，让我继续前行。最后，还要感谢曾经帮助过我的朋友，特别是在我最艰难的时候，仍陪伴我、鼓励我、帮助我的朋友。正是这些朋友，让我能在黑暗中找到一丝光明。

此外，这本书也想赠予我未来的孩子（如有），只希望他/她能够茁壮成长，努力学习，做自己喜爱的事情，成为一个对社会有益的人。